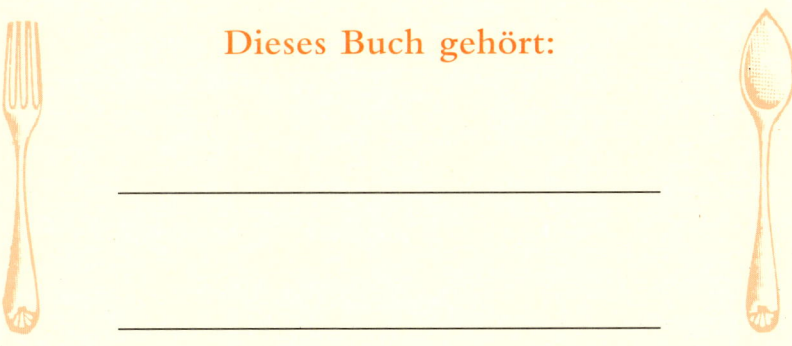

Dieses Buch gehört:

_____

_____

Rose Marie Donhauser

Zitronen
& Orangen

**Lieblingsrezepte mit
Zitrusfrüchten**

Hölker Verlag

5 4 3 2 1
ISBN 3-88117-606-3

Gestaltung: Niels Bonnemeier
Redaktion: Monika Römer
© 2003 Verlag W. Hölker GmbH, Münster

Printed in Italy

INHALT

Die Rezepte sind, falls nichts anderes angegeben ist, für 4 Personen berechnet.

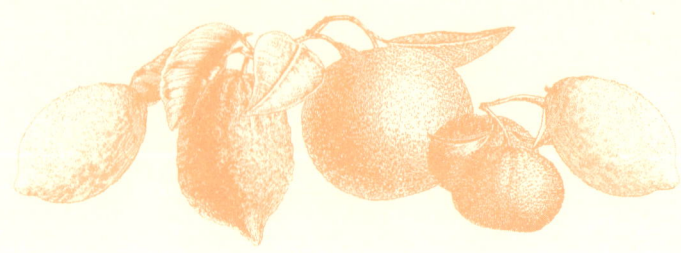

VORWORT

Können Sie sich ein Wiener Schnitzel ohne Zitronenachtel, einen Grog ohne Zitronensaft, Crêpes Suzette ohne Orangen oder eine Caipirinha ohne Limetten vorstellen? Ich weiß nicht, wie Ihnen dabei zumute ist, aber ich persönlich kann und will es gar nicht. Ja, ich würde sogar z.B. auf mein Schnitzel verzichten, wenn ich wüsste, dass ich keine frischen Zitronen im Hause habe.
Vor allem der Liebe zu Zitronen und Limetten verdanke ich meine stetig wachsende Sammlung von Rezepten mit Zitrusfrüchten, die ich im Laufe der Jahre entwickelt und aufgeschrieben habe. Oft macht es dabei nur der berühmte Tropfen Saft oder die Spur des zitrusfruchtigen Aromas aus, aber ohne sie wären die Rezepte eben nur halb oder gar nicht gut.

Zitrusfrüchte sind bei uns seit Jahren im Dauereinsatz, denn sie sind echte Multitalente: In heimischen Küchen sind Zitronen- oder Limettensaft für gebratenen Fisch und gegrilltes Lammfleisch einfach das perfekte „Parfüm". In Restaurants und Eisdielen warten Orangen, Zitronen und Limetten auf ihre Verarbeitung zu Cremes, Sorbets und unzähligen Eissorten. In den Backstuben stapeln sich Zitronat und Orangeat, um in den verschiedensten Kuchen und Torten zum Einsatz zu kommen. Und in den Bars wird nach allen Regeln der Kunst mit Lime- oder Grapefruitjuices geshakert und mit Zitruscheiben und Zuckerrändern garniert. Überall – von der kalten und warmen Küche bis zur Bar – werden Zitrusfrüchte gebraucht und vor allem geliebt.

Doch wenn man genauer hinsieht, ist der rohe Verzehr von Orangen, Mandarinen, Zitronen, Limetten und Grapefruits noch deutlich höher als die Verarbeitung zu Speisen und Getränken. Die Wunderwaffe heißt hier Vitamin-C! Beim Nahen einer Grippewelle steigt der Verbrauch an gepressten Säften, aber auch im Sommer bei heißen Temperaturen wird gerade das Aroma der sauren Vertreter der Zitrusfamilie – Zitronen und Limetten – sehr geschätzt. Dieses Kochbuch beschäftigt sich allerdings weit mehr mit der einfachen bis kunstvollen Verarbeitung der Früchte in der Küche.

Zwar bieten Orangen und Zitronen schon jeweils für sich allein eine Fülle von Zubereitungsmöglichkeiten und liefern so viel Wissens- und Erzählenswertes, dass die Seiten für ein Solokochbuch mühelos hätten gefüllt werden können. Doch wie immer macht es die richtige Mischung: Auch die Zitruscousinen und -cousins dürfen nicht in Vergessenheit geraten und werden Ihnen bestimmt beim Lesen und vor allem beim Kochen viel Freude bereiten.

Und so schlage ich Ihnen für die richtige Koch- und Genusseinstimmung ein raffiniertes Menü aus diesem Buch vor: Zum Cocktail-Geplauder eine Caipirinha mit Limetten, als Vorspeise Vitello tonnato mit Zitronenschnitzen, als Hauptgang Rote Meerbarben auf Mandarinen-Wildreis und zum Dessert Crêpes Suzette mit Orangen. Damit aber die Grapefruit nicht beleidigt ist, sollten Sie noch die fruchtige Fitness-Rohkost zum Knabbern dazwischen schieben.

Guten Appetit mit säuerlich-süßem Vor- und Nachgeschmack, der leicht in süß-saure Sinnlichkeit übergehen kann!

DIE VERZWEIGTE FAMILIE DER ZITRUSFRÜCHTE

Die Familie der Zitruspflanzen, die mit über 60 Arten zur Gattung der Rautengewächse gehört, ist in Asien, vor allem in Südost-, Ost- und Südasien, heimisch. Mittlerweile werden jedoch ständig neue Kulturformen bzw. Kreuzungen in fast allen tropischen und subtropischen Ländern angebaut. Die Zitruspflanzen sind, botanisch betrachtet, den Beerenfrüchten zugeordnet. Ihre wichtigsten Vertreter sind Orange, Mandarine, Satsuma, Tangerine, Zitrone, Limette und Grapefruit.

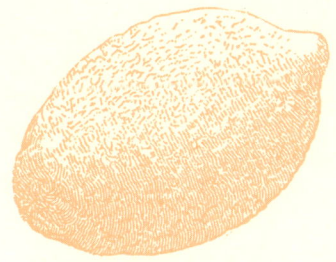

Zitronen – die süß-sauren Vitaminbömbchen

Die hell- bis goldgelben Früchte der Zitrone (lat. *Citrus limon*) mit ihren unterschiedlich dicken und unebenen Schalen wachsen an einem 3–6 Meter hohen Baum. Die Zitrone ist die wichtigste Vertreterin der Zitrusfamilie. Dies hat sie ihren vielseitigen Verwendungsmöglichkeiten im kulinarischen wie im Gesundheitsbereich und in der Schönheitspflege zu verdanken, was wiederum in ihren Werten begründet liegt: Die Inhaltsstoffe von 100 Gramm rohem, essbarem Zitronenfruchtfleisch betragen: 36 kcal/150 kj, 0,8 Gramm Eiweiß, 0,6 Gramm Fett, 3,2 Gramm verwertbare Kohlenhydrate und 4,4 Gramm Ballaststoffe. Der Vitaminanteil beträgt 54 Milligramm Vitamin C, Spuren von Vitamin B und A. Neben Mineralstoffen wie Calcium, Phosphor und Natrium sind vor allem Magnesium mit 28 Milligramm und Kalium mit 144 Milligramm hervorzuheben.

In so gut wie jedem Haushalt finden sich frische Zitronen – falls nicht, dann aber zumindest Zitronensaft in Portionsdöschen, kleine Plastikzitronen, Fläschchen oder große Flaschen abgefüllt. Bedarf an Zitronensaft besteht immer, sei es als Spritzer zum Würzen von Saucen oder Gerichten, zum Beträufeln von Fisch oder Fleisch, zum Abrunden des Tees, als Muss-Ingredienz für den Cocktail, Säurungs- bzw. Konservierungsmittel oder als „Verdauungsunterstützung" für fette Speisen. Oft verleiht erst Zitrone den richtigen Pfiff, die Spur Extravaganz und natürlich die herrlich duftende Frische.

Doch von alters her wird Zitronensaft nicht nur wegen seiner unersetzlichen Würzkraft, sondern auch zur Behandlung von Krankheiten verwendet. Hildegard von Bingen schrieb in ihren (Koch-)Büchern, dass Zitronensaft bei der Bekämpfung von Fieber helfe. Die alten Römer verwendeten Zitronensaft gegen Gift und Gicht. Und der schlaue Kulinariker und Frauenheld Giacomo Girolamo Casanova (1725–1798) entdeckte die Zitronensäure als Verhütungsmittel.

Und nicht zuletzt ist Zitronensaft nach modernen ernährungswissenschaftlichen Erkenntnissen der „magische Trank", der Fettdepots kitzelt und, glaubt man so mancher Werbung, diese sogar schmelzen lässt. Richtig ist in jedem Fall, dass die Zitronensäure unseren Stoffwechsel ankurbelt und vor allem als Vitamin-C-Träger wichtige Aufgaben einer „Gesundheitspolizei" in unserem Körper übernimmt.

Limetten
– die kleinen grünen Schwestern der Zitronen

Die eigroße, dünnschalige, gelblich bis hellgrüne Limette (lat. *Citrus aurantifolia*), auch Limonelle oder Lumie genannt, wächst an einem kleinen Baum oder baumartigen Strauch. Ihr Fruchtfleisch ist im Vergleich zu dem der Zitrone wesentlich saftiger und noch eine Spur säuerlicher. Bekannt wurde dieses Früchtchen bei uns vor allem proportional zum wachsenden Beliebtheitsgrad des Cocktails Caipirinha, aber auch durch die unzähligen würzigen Currygerichte aus Asien. Die genannte Limettenart stammt aus Ostasien und wird ganzjährig auf Plantagen in Mexiko, Ägypten und Kalifornien angebaut. Es gibt aber auch noch eine fast identisch aussehende europäische Verwandte der asiatischen Limette, die den lateinischen Namen *Citrus microcapa* trägt.

Doch egal welche der beiden Varianten Sie verwenden, grundsätzlich kann in einem Rezept vorgesehener Limettensaft fast immer durch Zitronensaft ersetzt werden. Allerdings brauchen Sie dann ein bisschen mehr Saft, um eine vergleichbare Würzkraft zu erhalten.

Die Kaffir-Limette (lat. *Citrus hystrix*) wächst wie die herkömmliche Limette an einem kleinen Baum oder baumartigen Strauch. Im Unterschied zu dieser hat sie eine runzelige grüne Schale. Sie stammt ursprünglich aus Thailand, wird inzwischen aber auch in Mittelamerika und Afrika kultiviert. Die Kaffir-Limette ist zwar nicht sehr saftig, doch dafür sind Saft und Schale – Letztere vor allem in geriebener Form – besonders reich an Aroma.

Grapefruits
– ursprünglich ein Import aus Malaysia

Auch bei dieser Frucht herrscht Sprachverwirrung: So wie die Limette auch Limone heißt, wird die Grapefruit (lat. *Citrus paradisi*) auch als Pampelmuse bezeichnet – und dies, obwohl es sich bei der Pampelmuse um eine weitere, völlig verschiedene Frucht handelt. Zur Verwirrung trägt zusätzlich bei, dass die Namen beider Früchte in vielen europäischen Sprachen synonym verwendet werden bzw. dass die Früchte in verschiedenen Sprachen ein- und denselben Namen haben.

Die ursprünglichere von beiden ist die Pampelmuse (lat. *Citrus glandis* oder *Citrus maxima*), die auch unter den Bezeichnungen Pomelo, Riesenorange oder Adams-apfel bekannt ist und mit bis zu 25 Zentimetern Durchmesser und bis zu 6 Kilo-gramm Gewicht die größte und schwerste Vertreterin der Zitrusfamilie ist. Im Handel spielt die gelbe, dickschalige Frucht allerdings, vor allem wegen ihrer fase-rigen, bitteren, schwer herauslösbaren Fruchtsegmente, eine untergeordnete Rolle. Aller Wahrscheinlichkeit nach handelt es sich bei der Grapefruit um eine west-indische Zufallskreuzung zwischen Pampelmuse und Orange. Sie verdankt ihren Namen, der mit „Weintraube" zu übersetzten ist, dem Glauben, die Früchte wüchsen wie Weinbeeren an einer Traube. De facto wachsen sie aber einzeln an einem 8–15 Meter hohen Baum. Grapefruits werden überall dort kultiviert, wo Zitrusfrüchte wachsen, die Hauptanbaugebiete liegen jedoch in den USA, in Süd-afrika, Israel und Italien, wo sie ganzjährig geerntet werden.

Je nach Sorte haben Grapefruits eine hellgelbe bis rosarote Schale. Ihr weißlich-grüngelbes Fruchtfleisch schmeckt herb bis bitter. Es gilt die Faustregel: Gelb-fleischige Früchte sind herber und bitterer als rosafleischige. Seit kurzem ist zudem eine israelische Sorte mit gelblich-grüner Schale im Handel, deren Fruchtfleisch süßlicher schmeckt als das aller anderen Grapefruits und die deshalb ganz treffend den Namen „Sweetie" trägt.

In der Diätbranche sind Grapefruits besonders beliebt. Hier überzeugt nicht nur ihr niedriger Kaloriengehalt, sondern auch die Tatsache, dass das Fruchtfleisch ver-dauungsfördernd, entschlackend und stoffwechselfördernd wirkt. Grapefruits finden im Allgemeinen nur selten Verwendung in der Küche. Sie werden vielmehr fast ausschließlich roh – quer halbiert und mit Zucker bestreut – verzehrt.

Orangen – die asiatischen Botschafter

Ursprünglich in China beheimatet, gelangte der bis zu 10 Meter hohe Orangen-baum (lat. *Citrus sinensis*) etwa im 11. Jahrhundert mit den Arabern nach Südeuropa. Die Orange ist auch unter den Bezeichnungen Apfelsine, Sina-Apfel, Apfel aus China bekannt, die deutlich auf ihre asiatische Heimat verweisen. Der bei uns ge-bräuchliche Name Orange kommt aus dem Französischen, hat aber den arabischen Wortursprung „narang", was so viel wie bitter heißt. Tatsächlich waren die ersten Orangen bitter und konnten erst durch entsprechende Kultivierungen ge-schmacklich verbessert werden.

Orangen werden das ganze Jahr über angeboten. Man unterscheidet Winter-orangen, die von November bis Juni aus Italien, Spanien, Marokko und Israel im-portiert werden, und Sommerorangen, die von Juni bis November aus den USA, Südafrika und Südamerika zu uns kommen.

Es gibt drei Hauptkategorien, in denen sich die einzelnen Züchtungen zusammen-fassen lassen: Gelbe Orangen mit gelbem Fruchtfleisch, Halbblutorangen bei denen das Fruchtfleisch rot, die Schale aber gelb ist, und Blutorangen, deren Schale und Fruchtfleisch rot sind.

Bei uns besonders beliebt sind die dünnschaligen Orangen mit wenig Kernen aus Italien, die etwas dickschaligeren Orangen aus Jaffa in Israel oder die kernlosen Navel-Orangen aus Marokko und Spanien. Die Moro-Orangen, besondere Lecker-bissen unter den Blutorange, kommen im Januar aus Sizilien zu uns, haben aber leider nur kurz Saison.

Mandarinen, Satsumas und Tangerinen – Aroma pur

Die Mandarine (lat. *Citrus reticulat*) ist die Frucht eines 2–8 Meter hohen Baumes, der ursprünglich von der Insel Mauritius stammt und den Namen der Insel trägt, so wie ihn die Bewohner verwenden. Heute steht „Mandarine" als eine Art Sammelbegriff für eine Vielzahl von Arten, Sorten und Kreuzungen, die in Asien, Amerika und im gesamten Mittelmeerraum kultiviert werden. Hier seien nur die wichtigsten genannt: Die japanische Mandarine ist bei uns unter dem Namen Satsuma bekannt. Sie besitzt eine lose, glatte Schale und blassoranges Fruchtfleisch. Von einigen Botanikern wird aber auch die aus Südostasien stammende Tangerine als eigenständige Manderinenart angesehen. Sie ist klein und aromatisch, enthält aber zahlreiche Kerne. Eigentlich keine Mandarine, sondern eine Kreuzung zwischen Mandarine und Pomeranze (Bitterorange) ist die sehr beliebte, kernlose Clementine. Insgesamt werden heute weltweit über 100 Varietäten der Mandarine unterschieden. Und auch in Zukunft sind wohl neue Züchtungen zu erwarten.

Kumquats, Uglis und Zetrat-Zitronen
– weniger bekannte Familienmitglieder

Um das Porträt der weit verzweigten Familie der Zitrusfrüchte zu komplettieren, seien abschließend noch drei Mitglieder erwähnt, die auch auf unserem Markt eine gewisse Rolle spielen:

Die aus China stammende Kumquat (lat. *Fortunella japonica*) ist auch unter der Bezeichnung Zwergpomeranze bekannt. Die kleine, ovale Frucht wächst an dornigen Sträuchern und ähnelt einer Orange im Miniformat. Sie hat eine dünnhäutige süße Schale und saftiges, leicht bitteres Fruchtfleisch. Sie wird gerne samt der Schale frisch gegessen. Man kann sie aber auch zu Marmelade, Gelee und Sirup einkochen bzw. einlegen.

Eine relativ bekannte Kreuzung aus Tangerine und Grapefruit ist die aus Jamaica stammende Ugli-Frucht (lat. *Citrus tangerina/Citrus paradisi/Citrus sinensis*). Sie besitzt eine raue, dicke Schale und ein überraschend süßes, saftiges und aromatisches Fruchtfleisch.

Die Zetrat-Zitrone oder Zitronatzitrone (lat. *Citrus medica*) schließlich wird im Unterschied zu anderen Zitrusfrüchten nicht wegen ihres Fruchtfleischs, sondern wegen ihrer dicken, duftenden Schale angebaut. Die Früchte können über 3 Kilogramm schwer und bis zu 25 Zentimeter lang werden. Die sehr dicke, grüne bis gelbe, runzelig-warzige Schale der unreifen Frucht liefert das bei uns so beliebte Zitronat, das durch das Einlegen in Zuckerlösung, einer Sukkade, haltbar gemacht wird. Die „Riesenzitrone" wird in tropischen und subtropischen Regionen, vor allem aber im Mittelmeerraum ganzjährig auf Plantagen geerntet.

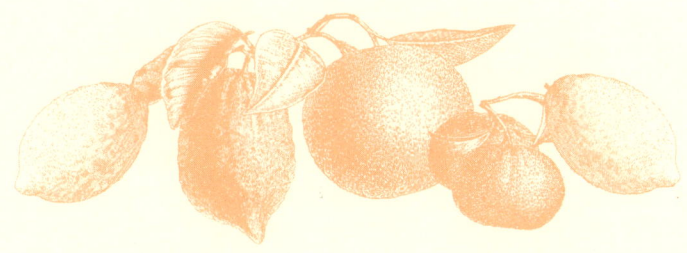

SUPPEN UND VORSPEISEN

Möhren-Orangen-Süppchen

1 Zwiebel, 2 Knoblauchzehen, 2 cm frische Ingwerwurzel,
500 g Möhren, 250 g Kartoffeln, 4 EL Olivenöl,
Salz, frisch gemahlener schwarzer Pfeffer,
3/4 l Gemüsebrühe, 2 Orangen, 200 ml Sahne,
2 EL Mango-Chutney (Fertigprodukt), 1–2 EL gehackte Petersilie

Zwiebel, Knoblauch, Ingwer, Möhren sowie Kartoffeln schälen und fein würfeln. Das Olivenöl in einem Topf erhitzen und das vorbereitete Gemüse darin unter Rühren 2 Minuten andünsten. Mit Salz und Pfeffer würzen und mit Brühe aufgießen. Einmal aufkochen lassen und das Gemüse danach bei mittlerer Hitze in etwa 20 Minuten garen.

Inzwischen eine der Orangen auspressen. Die zweite Frucht so schälen, dass die weiße Haut mit entfernt wird. Die Filets zwischen den Innenhäuten herauslösen, eventuell austretenden Saft dabei auffangen. Die Suppe mit einem Mixstab pürieren, mit Sahne und Mango-Chutney verfeinern. Nochmals abschmecken. Die Orangenfilets auf 4 Teller oder in Suppentassen verteilen. Die Suppe darüber gießen, mit Orangensaft beträufeln und mit Petersilie bestreuen.

Dazu passen Scheiben von kräftigem, frischem Bauernbrot – am besten mit etwas Bärlauchpesto bestrichen.

Joghurt-Gurken-Suppe mit Lachs und Orangen

*4 Stängel Dill, 1 große Salatgurke, 250 g Naturjoghurt,
Salz, frisch gemahlener schwarzer Pfeffer, 1 Prise Cayennepfeffer,
1/2 TL zerstoßene Korianderkörner, 2 Orangen,
300 g enthäutetes frisches Lachsfilet, Saft von 1/2 Zitrone,
1 TL Worcestersauce, 1 EL Butter*

Den Dill waschen, von den Stängeln zupfen und fein hacken. Die Salatgurke schälen, in kleine Stücke schneiden und zusammen mit dem Joghurt in einer Schüssel vermengen. Anschließend mit einem Mixstab fein pürieren. Alles mit Salz, Pfeffer, Cayennepfeffer und Koriander würzen.

Die Orangen so schälen, dass die weiße Haut mit entfernt wird, und die Filets zwischen den Innenhäuten herauslösen. Den Lachs in gleich große Streifen schneiden, mit Zitronensaft und Worcestersauce vermischen. In einer Pfanne die Butter erhitzen und die Lachsstreifen darin 4–5 Minuten rundherum braten. Mit Salz und Pfeffer würzen.

Die Gurkensuppe in Suppenteller verteilen und die Lachsstreifen jeweils in der Tellermitte anrichten. Die Orangenfilets hübsch darum herum anrichten und alles mit dem gehackten Dill bestreuen.

 Dazu passt z.B. Walnussbrot, Vollkornbrot oder Baguette. Mit gut gekühltem Champagner dazu können Sie ruhig einmal ein wenig übermütig werden.

Tom Yum Goong
Thailändische Garnelensuppe

Die Zutaten für die Nationalsuppe Thailands bekommen Sie in gut sortierten Asien- oder speziellen Thai-Läden.

2 Knoblauchzehen, 2 Stängel Zitronengras, 2 Schalotten,
4 kleine Chilischoten, 150 g Austernpilze, 300 g geschälte Garnelen,
1 l Geflügelbrühe, 4 Kaffir-Limettenblätter,
2–3 EL thailändische Fischsauce, 1 TL Chilipaste in Öl,
Saft von 1 Limette, 1 EL gehacktes Koriandergrün

Den Knoblauch schälen, das Zitronengras putzen, in grobe Stücke schneiden und beides mit dem Messerrücken zerdrücken. Die Schalotten schälen und in Streifen schneiden. Die Chilischoten vom Stielansatz befreien. Die Austernpilze putzen und in Streifen schneiden. Die Garnelen waschen, entlang dem Rücken aufschlitzen und vom Darm befreien.
Die Geflügelbrühe in einem Topf oder Wok erhitzen und die vorbereiteten Zutaten einrühren. Mit Kaffir-Limettenblättern, Fischsauce, Chilipaste und Limettensaft würzen. Nach dem ersten Aufkochen die Hitze reduzieren, die Garnelen einlegen und in der Suppe 5–8 Minuten ziehen lassen. In vorgewärmte Schalen verteilen und mit Koriandergrün bestreuen.

Sie können die Aromalieferanten Knoblauch, Chili, Limettenblätter und Zitronengras vor dem Servieren entfernen. In Thailand selbst, aber auch in Thai-Restaurants ist es jedoch üblich, diese in der Suppe zu servieren.

Griechische Zitronensuppe mit Huhn

1 Suppenhuhn von etwa 1 kg, Salz, 1 Bund Suppengrün, 2 Lorbeerblätter,
2 Eier, Saft von 2 Zitronen, frisch gemahlener schwarzer Pfeffer

Das Suppenhuhn unter fließendem kaltem Wasser gründlich waschen, in einen Topf legen und mit so viel kaltem Wasser auffüllen, dass es bedeckt ist. Salzen, zum Kochen bringen und den auftretenden Schaum wiederholt mit einer Schaumkelle abschöpfen.

Inzwischen das Suppengemüse putzen und in grobe Stücke schneiden, die Petersilie waschen und trockentupfen, die Blättchen abzupfen, fein hacken und beiseite stellen. Das übrige Suppengemüse mit den Lorbeerblättern zum Huhn in den Topf geben. Bei mittlerer Hitze etwa 1 Stunde garen, danach sollte sich das Fleisch leicht von den Knochen lösen lassen. Aus der Brühe nehmen, kurz abkühlen lassen, dann häuten, entbeinen und das Fleisch in mundgerechte Stücke schneiden.

Die Suppe durch ein Sieb passieren, erneut zum Kochen bringen und vom Herd ziehen. Eine Schöpfkelle Suppe in eine Schüssel geben und mit den Eiern verquirlen. Langsam den Zitronensaft unterrühren und diese Mischung in die nun nicht mehr kochende Suppe einrühren. Hühnerfleisch und Petersilie in die Suppe einlegen, nochmals mit Salz und Pfeffer abschmecken.

 Sie können nach griechischer Art in der Suppe auch noch 100 Gramm Reis mitgaren. Kali Orexi (Guten Appetit)!

Gorgonzola-Spinat mit Orangen

500 g frischer Blattspinat, Salz, 1 Zwiebel, 2 Knoblauchzehen,
200 g Gorgonzola, 2 1/2 Orangen, 50 g Butter,
100 g Kräuter-Crème-fraîche, frisch gemahlener schwarzer Pfeffer,
50 g Pinienkerne, Zitronenpfeffer nach Geschmack

Den Blattspinat putzen, waschen und in kochendem Salzwasser 1 Minute blanchieren. Abgießen, mit kaltem Wasser abschrecken und abtropfen lassen. Den Spinat mit den Händen noch zusätzlich ausdrücken und etwas kleiner schneiden.
Die Zwiebel und den Knoblauch schälen und fein würfeln. Den Gorgonzola in Stückchen schneiden. 2 Orangen so schälen, dass die weiße Haut mit entfernt wird, und die Filets zwischen den Innenhäuten herauslösen. Die halbe Orange auspressen. In einer großen Pfanne die Butter erhitzen und darin die Zwiebel- und Knoblauchwürfel andünsten. Kräuter-Crème-fraîche einrühren, Spinat und Gorgonzola unterheben. Alles mit Salz, Pfeffer und etwas Orangensaft würzen. Den Spinat auf 4 vorgewärmte Teller verteilen und die Orangenfilets darauf anrichten. Mit Pinienkernen und Zitronenpfeffer garnieren.

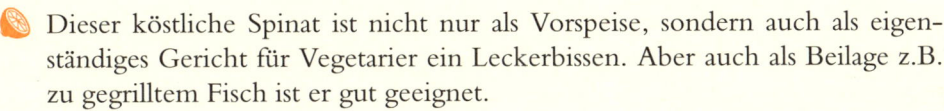 Dieser köstliche Spinat ist nicht nur als Vorspeise, sondern auch als eigenständiges Gericht für Vegetarier ein Leckerbissen. Aber auch als Beilage z.B. zu gegrilltem Fisch ist er gut geeignet.

Sauerkraut mit Mandarinen

1 Zwiebel, 5 Mandarinen, 4 EL Pflanzenöl,
500 g Sauerkraut (Dosenware), 1/8 l Fleischbrühe, Salz,
1 Prise Zucker, 1 EL frisch gehackte Petersilie

Die Zwiebel schälen und fein würfeln. 3 Mandarinen auspressen. Die beiden anderen schälen, die Fruchtfleischfilets herauslösen und beiseite legen. Das Pflanzenöl in einem breiten Topf erhitzen und darin die Zwiebelwürfel andünsten. Das Sauerkraut mit einer Gabel zerpflücken und einrühren. Mit Fleischbrühe sowie Mandarinensaft aufgießen und nach dem ersten Aufkochen bei geringer Hitze 15 Minuten leise köcheln lassen. Mit Salz und Zucker würzen. Kurz vor dem Servieren Petersilie und Mandarinenfilets untermengen.

 Das raffinierte Sauerkraut als Vorspeise mit knusprigen Speckstreifen, als Beilage zu gegrilltem Kasseler oder solo als schlankmachendes Gericht servieren.

Früchtehappen mit Schinken und Parmesan

1 Papaya, 1 Orange, 2 Mandarinen, 1 Grapefruit,
150 g dünn geschnittener Kochschinken, 150 g Parmaschinken,
150 g Bündner Fleisch, 150 g frisch gehobelter Parmesan
Außerdem: Partysticker

Alle Früchte schälen. Die Papaya entkernen und bei den Zitrusfrüchten die weiße Innenhaut entfernen. Die geschälten Früchte in mundgerechte, etwa gleich große Stücke teilen. Alle Schinkensorten in passend große Stücke schneiden, die Fruchtstücke damit umwickeln und mit einem Partysticker fixieren. Hübsch auf 4 Tellern oder auf einer großen Servierplatte anrichten und mit Parmesan bestreuen.

 Dazu Tacochips mit Tomatensalsa oder Walnussbrot mit Bärlauchpesto anbieten. Die Früchtehappen sind auch ideale kleine Begleiter zu Prosecco, Sekt oder Champagner.

Orangenspargel auf Kochschinken

1 kg Spargel, Salz, 1 Prise Zucker,
1 Spritzer Zitronensaft, 1 TL Butter
Für die Sauce: 5 unbehandelte Orangen, 1 EL Sherryessig,
1 Eigelb, 150 ml Olivenöl, Salz, frisch gemahlener schwarzer Pfeffer,
1 EL Orangenlikör (z.B. Grand Marnier)
Außerdem: 200 g hauchdünn geschnittener Kochschinken,
1 EL gehackte Petersilie

Den Spargel putzen und in mit Salz, Zucker, Zitronensaft und Butter versetztem Wasser in etwa 15 Minuten bissfest garen, herausnehmen.
Inzwischen für die Sauce 1 Orange heiß waschen und mit einem Tuch trocken- reiben, die Schale abreiben und beiseite stellen. Alle Orangen auspressen und den Saft durch ein Haarsieb passieren. Mit einem elektrischen Handrührgerät den Oran- gensaft mit den restlichen Saucenzutaten kräftig aufschlagen. Die Spargelstangen in eine Auflaufform legen, mit der Sauce übergießen und bei Zimmertemperatur 1 Stunde marinieren lassen.
Die Schinkenscheiben auf 4 Vorspeisentellern breitflächig anrichten und darauf den Orangenspargel verteilen. Mit geriebener Orangenschale und Petersilie bestreuen.

 Versuchen Sie dieses außergewöhnliche und raffinierte Gericht auch einmal mit Mandarinen anstelle von Orangen. Am besten schmeckt Pumpernickel oder ein kräftiges Graubrot dazu.

Feigen-Ente in Portwein

250 g Barbarie-Entenbrust, Salz, frisch geschroteter schwarzer Pfeffer,
2 EL Pflanzenöl, 3 frische Feigen, 100 ml Portwein, 2 EL Orangenmarmelade
Außerdem: 12 asiatische Porzellanlöffel, frische Orangenzesten

Die Entenbrust samt Haut in etwa 12 gleich große, mundgerechte Stücke schneiden. Mit Salz und Pfeffer würzen. Das Pflanzenöl in einer Pfanne erhitzen und die Fleischstücke darin in 2–3 Minuten rundherum knusprig braten. Herausnehmen, auf einen Teller legen und ruhen lassen.
Die Feigen waschen, mit Küchenpapier trockentupfen und jeweils vierteln. In den Bratensatz einlegen und 1 Minute darin schwenken. Mit Portwein ablöschen und die Orangenmarmelade einrühren. Sauce etwas einkochen lassen, vom Herd ziehen und kurz abkühlen lassen. Eventuell ausgetretenen Entenbratensaft unterrühren.
Je 1 Feigenviertel und 1 Entenstück auf einem Löffel anrichten und mit der Sauce beträufeln. Mit Orangenzesten garnieren und auf jedem Vorspeisenteller 3 belegte Löffel arrangieren.

 Große Vorspeisenteller verwenden und die Löffel auf ein Salatbukett setzen.

Vitello tonnato

750 g Kalbfleisch aus der Nuss, 1 Flasche trockener Weißwein, Salz,
1 Spritzer Weißweinessig, 5 schwarze Pfefferkörner, 2 Lorbeerblätter,
2 Gewürznelken, 1/2 Bund Suppengrün, 1 Zitrone
Für die Thunfischsauce: 1 kleine Dose Thunfisch im eigenen Saft,
4 Sardellenfilets, Saft von 1 Zitrone, 2 Eigelb, 200 ml Olivenöl,
Salz, frisch gemahlener Pfeffer, 2 EL Kapern mit 1 EL Kapernsud
Außerdem: 2 Zitronen, 2 EL Kapern

Am Vortag das Kalbfleisch unter fließendem kaltem Wasser waschen und so kompakt mit Küchengarn verschnüren, dass es bei der Weiterverarbeitung seine Form behält. In eine Schüssel legen, mit Weißwein begießen und so viel kaltes Wasser zugießen, dass das Fleisch vollständig bedeckt ist. Die Schüssel mit Folie abdecken und für 1 Tag in den Kühlschrank stellen.

Am nächsten Tag das Fleisch in einen Topf legen, mit der Einlegeflüssigkeit übergießen und mit 1 Liter kaltem Wasser auffüllen. Eine kräftige Prise Salz, Weißweinessig, Pfefferkörner, Lorbeerblätter und Nelken einrühren und das Fleisch zum Kochen bringen. Inzwischen das Suppengrün putzen und klein schneiden. Die Zitrone waschen, in Viertel schneiden und zusammen mit dem Suppengrün in den Topf geben. Den Topfinhalt bei mittlerer Hitze 40–45 Minuten garen. Den Topf vom Herd ziehen und das Fleisch im Sud erkalten lassen.

Inzwischen für die Thunfischsauce den Thunfisch abtropfen lassen, die Sardellenfilets abspülen und beides mit Zitronensaft sowie einer Kelle Kalbfleischsud im Mixer pürieren. Die Eigelbe mit einem elektrischen Handrührgerät auf höchster Stufe cremig rühren und dabei teelöffelweise das Olivenöl zugeben, bis eine cremige Mayonnaise entstanden ist. Das Thunfischmus mit der Mayonnaise verrühren und mit Salz und Pfeffer würzen. Die zerdrückte Kapern samt Kapernsud unterrühren.

Das vollständig erkaltete Kalbfleisch aus dem Topf nehmen, abtropfen lassen, vom Küchengarn befreien und in sehr dünne Scheiben schneiden. 4 Teller mit den Fleischscheiben breitflächig auslegen und darüber löffelweise die Thunfischsauce verteilen. Die Zitronen so schälen, dass auch die weiße Haut mit entfernt wird und die Früchte in Scheiben schneiden. Zusammen mit den Kapern auf dem Fleisch verteilen.

 Dazu toskanisches Weißbrot und Weißwein genießen.

Zitroniges Thunfischsandwich

Für 2 Portionen
1 Zitrone, 1 Dose Thunfisch in Öl, 1 TL Worcestersauce,
2 EL Mayonnaise, Salz, frisch gemahlener schwarzer Pfeffer, 4 Blätter Kopfsalat,
4 Scheiben Sandwichbrot (große Weißbrotscheiben), 1/2 Kästchen Kresse
Für den Dip: 200 g saure Sahne, 1 TL Tomatenmark,
1 EL gehacktes Koriandergrün, 1 Prise Cayennepfeffer

Die Zitrone so schälen, dass auch die weiße Haut mit entfernt wird, und das Fruchtfleisch sehr klein würfeln. Den Thunfisch in einem Sieb gründlich abtropfen lassen und in einer Schüssel mit einer Gabel zerpflücken. Mit Worcestersauce, Mayonnaise und den Zitronenwürfelchen zu einer cremigen Masse verrühren. Mit Salz und Pfeffer würzen. Die Salatblätter waschen und in feine Streifen schneiden. Die Brotscheiben toasten und 2 Scheiben jeweils mit der Hälfte der Thunfischcreme bestreichen. Die Salatstreifen darüber streuen. Die Kresse abschneiden, abbrausen, trockentupfen und darauf verteilen. Die restliche Creme auf die übrigen Brotscheiben streichen und diese mit der bestrichenen Seite nach unten auf die belegten Brotscheiben drücken. Diagonal halbieren. Für den Dip saure Sahne mit Tomatenmark, Koriander und Cayennepfeffer verrühren. Zum Servieren in 2 Schälchen füllen.

 Dieses flotte, erfrischende Sandwich mit dem Tomatendip (unserer Antwort auf herkömmliches Tomatenketchup) und/oder Pommes frites genießen.

Lachs mit Limetten-Curry-Dressing

2 Limetten, 500 g gehäutetes Räucherlachsfilet, 4 Stängel Koriandergrün,
8 EL Pflanzenöl, 1 EL Currypulver, 1 EL Sesamöl,
Salz, frisch gemahlener schwarzer Pfeffer

Die Limetten auspressen. Das Lachsfilet in sehr dünne Scheiben schneiden. Das Koriandergrün waschen und trockentupfen, die Blättchen von den Stängeln zupfen und fein hacken.
Das Pflanzenöl in einem Topf erhitzen und unter ständigem Rühren den Curry darin leicht anrösten. Mit Limettensaft und 3 Esslöffeln Wasser ablöschen. Die

Currysauce zum Erkalten in eine Schüssel umfüllen und mit Sesamöl, Salz und Pfeffer würzen. Den Lachs auf großen Serviertellern breitflächig auslegen, mit der Currysauce beträufeln und mit Koriandergrün bestreuen.

 Für die Garnitur 1 Apfel schälen, vom Kerngehäuse befreien, in Stifte schneiden, mit 1 Esslöffel Aceto balsamico vermengen und in der Tellermitte aufhäufen. Am besten knuspriges Baguette dazu reichen.

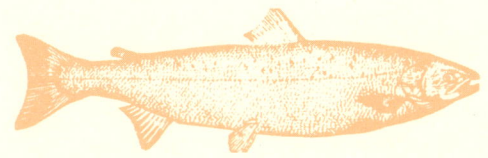

Lachstatar, mit Caipirinha gewürzt

500 g frisches, gehäutetes Lachsfilet, 1 EL Pflanzenöl, Salz,
frisch geschroteter schwarzer Pfeffer, 2 unbehandelte Limetten,
6 cl Cachaça (Zuckerrohrschnaps), 1 EL brauner Zucker
Außerdem: zerstoßenes Eis, 4 Stängel Zitronenmelisse

Das Lachsfilet klein schneiden und dann sehr fein hacken. Mit dem Öl vermengen, mit Salz und Pfeffer würzen. Die Limetten heiß waschen und trockenreiben. Eine davon mit Schale grob zerschneiden und in einem Glas (Tumbler) mit einem Holzlöffel (Stößel) kräftig zer- und ausdrücken. Mit Cachaça und Zucker weiter bearbeiten. Die Flüssigkeit durch ein Haarsieb seihen und anschließend mit dem zerkleinerten Lachs locker vermengen. Das Lachstatar in Portionsschälchen füllen und auf großen Schüsseln mit zerstoßenem Eis anrichten.
Die zweite Limette so schälen, dass die weiße Haut mit entfernt wird, und die Filets zwischen den Innenhäuten herauslösen. Die Zitronenmelisse waschen, trockentupfen und die Blättchen von den Stängeln zupfen. Die Lachsportionen mit Limettenfilets und Zitronenmelisse hübsch garnieren.

 Dazu Baked Potatoes mit Crème fraîche, grünem Salat und einem gut gekühlten Weißwein, z.B. einem Chablis oder Chardonnay, servieren. Oder Sie genießen dazu einfach eine Caipirinha.

Fisch–Sahne–Sülze mit Grapefruit

Für 1 Kastenform à 2 l
1 Grapefruit, 250 g geschälte Garnelen, 250 g Seezungenfilets,
Salz, frisch gemahlener schwarzer Pfeffer,
200 ml trockener Weißwein, 1/2 Bund glatte Petersilie,
500 g Naturjoghurt, 100 g Crème fraîche,
3 Päckchen Gelatinepulver (à 9 g)

Die Grapefruit so schälen, dass die weiße Haut mit entfernt wird, die Filets zwischen den Innenhäuten herauslösen und den restlichen Saft aus den Schalen pressen. Garnelen und Seezungenfilets waschen, mit Küchenpapier trockentupfen und mit Grapefruitsaft säuern. Mit Salz und Pfeffer würzen.

Den Wein aufkochen, Garnelen und Fischfilets einlegen und bei mittlerer Hitze 1 Minute darin ziehen lassen. Mit einem Schaumlöffel herausnehmen und auf einen Teller legen.

Den Weinsud kurz abkühlen lassen und zum vollständigen Erkalten in den Kühlschrank stellen. Die Petersilie waschen und trockentupfen, die Blättchen von den Stängeln zupfen und fein hacken. Eine Kastenform so mit Klarsichtfolie auslegen, dass die Enden großzügig überstehen. Den Joghurt mit Crème fraîche und Petersilie verrühren. Mit Salz und Pfeffer würzen. Das Gelatinepulver in den kalten Weinsud einrühren, bis es sich aufgelöst hat. Den Wein erneut aufkochen, durch ein Haarsieb seihen und etwas abkühlen lassen.

Den lauwarmen Weinsud unter die Joghurtcreme schlagen und einen kleinen Teil der Mischung auf den Boden der Kastenform gießen. Lagenweise Garnelen, Fischfilets und Grapefruitspalten in die Form lege und jede Lage mit Joghurtcreme begießen. Zuletzt mit der überhängenden Folie abdecken und die Form für mindestens 4 Stunden in den Kühlschrank stellen.

Zum Servieren die Fischsülze aus der Form stürzen und die Folie abziehen. Mit einem scharfen Messer in je 1–1 1/2 Zentimeter dicke Scheiben abschneiden.

 Dazu passen Feldsalat mit Speckcroûtons und ofenfrisches Weißbrot.

Zitrusmariniertes Fischfilet

800 g Fischfilets (z.B. Kabeljau, Rotbarsch oder Seezunge),
Saft von 1 Limette, Salz, 2 Zwiebeln, 2 Möhren,
2 grüne Paprikaschoten, 1 rote Chilischote, 1 rosa Grapefruit,
8 EL Olivenöl, 1 TL brauner Zucker, je 1 kräftige Prise Chilipulver,
Cayennepfeffer und gemahlener Kardamom,
1 TL zerstoßene schwarze Pfefferkörner,
2 Lorbeerblätter, 3–4 EL Weißweinessig, 2 Orangen

Die Fischfilets unter fließendem kaltem Wasser waschen und trockentupfen. Mit Limettensaft beträufeln und leicht salzen.

Die Zwiebeln und die Möhren schälen und in feine Streifen schneiden. Die Paprika und die Chilischote halbieren und von Stielansatz, Samen sowie Scheidewänden befreien. Die Paprika in gleichmäßig dünne Streifen, die Chilischote in feine Würfel schneiden. Die Grapefruit so schälen, dass die weiße Haut mit entfernt wird, und die Filets zwischen den Innenhäuten herauslösen.

Die Hälfte des Olivenöls in einer Pfanne erhitzen und darin die Gemüsestreifen und die Chiliwürfel mit dem Zucker etwa 10 Minuten andünsten. Mit Chilipulver, Cayennepfeffer, Kardamom, Pfefferkörnern und Lorbeerblättern würzen. Etwas kaltes Wasser zugießen, den Weißweinessig darüber träufeln und den Pfanneninhalt weitere 5 Minuten leise köcheln lassen.

Das restliche Olivenöl in einer Pfanne erhitzen und darin die Fischfilets auf beiden Seiten 3–4 Minuten braten, herausheben. Abwechselnd mit den Grapefruitfilets und den Gemüsestreifen in eine flache Form schichten; dabei mit dem Gemüse abschließen. Die Form mit Folie abdecken und für etwa 2 Stunden in den Kühlschrank stellen.

Kurz vor dem Servieren die beiden Orangen so schälen, dass die weiße Haut mit entfernt wird, und die Filets zwischen den Innenhäuten herauslösen. Das Fischgemüse hübsch auf 4 Tellern anrichten und mit den Orangenfilets garnieren.

Dazu passt gebratener Reis, Maisgemüse und Weißbrot.

Flusskrebse auf Orangen-Zitronengras-Spiegel

2 Frühlingszwiebeln, 3 Stängel Zitronengras, 2 Orangen,
1 Mango, 250 g ausgelöstes frisches Flusskrebsfleisch,
Saft von 1/2 Limette, Salz, frisch gemahlener schwarzer Pfeffer,
1 EL Butter, 1 Prise Zucker, frische Zitronenmelisseblättchen

Die Frühlingszwiebeln putzen und fein würfeln. Das Zitronengras putzen und in kleinere Stücke schneiden. Die Orangen auspressen. Die Mango schälen und grob klein schneiden. Das Flusskrebsfleisch mit Limettensaft beträufeln und mit Salz und Pfeffer würzen.
Die Butter in einem kleinen Topf erhitzen und darin die Frühlingszwiebeln und das Zitronengras andünsten. Mit Zucker, Salz und Pfeffer würzen und mit Orangensaft ablöschen. Den Pfanneninhalt etwa 5 Minuten einkochen lassen, dann durch ein Haarsieb seihen und mit dem Mangofruchtfleisch pürieren. Nochmals abschmecken und als Saucenspiegel auf 4 Vorspeisenteller gießen. Die Flusskrebse hübsch darauf anrichten und mit Zitronenmelisseblättchen garnieren.

Die Flusskrebse können nach Belieben mit etwas Sherry beträufelt und in der Mikrowelle leicht erwärmt werden.

Limetten-Garnelen-Tatar mit Korianderbrot

Für das Korianderbrot: 500 g Mehl, 1 Päckchen Trockenhefe,
1 Prise Zucker, 1 kleines Bund frisches Koriandergrün, 3 EL Olivenöl, Salz
Für das Tatar: 1 Limette, 500 g Eismeergarnelen,
1 Eigelb, 1/4 TL Dijonsenf, 100 ml Olivenöl, Salz,
frisch gemahlener schwarzer Pfeffer, 1 EL eingelegte Kapern

Für das Korianderbrot das Mehl in eine Schüssel sieben, eine Mulde hineindrücken und darin die Trockenhefe mit dem Zucker und 200 Millilitern lauwarmem Wasser verrühren. Den Vorteig mit etwas Mehl vom Rand bestäuben und zugedeckt an einem warmen, zugfreien Ort 20 Minuten gehen lassen.
Inzwischen das Koriandergrün waschen und trockentupfen, die Blättchen von den Stängeln zupfen, fein hacken und mit dem Olivenöl verrühren. Den Vorteig mit

Korianderöl und Salz verkneten und zugedeckt weitere 20 Minuten gehen lassen. Für das Tatar die Limette so schälen, dass die weiße Haut mit entfernt wird, die Filets zwischen den Innenhäuten herauslösen und das Fruchtfleisch klein schneiden. Zusammen mit den Garnelen mit einem Wiegemesser sehr fein hacken. Mit einem elektrischen Handrührgerät auf höchster Stufe das Eigelb mit dem Senf cremig rühren. Nach und nach das Olivenöl unterschlagen, bis eine Mayonnaise entstanden ist. Diese mit Salz und Pfeffer würzen, Garnelenmischung und Kapern unterrühren. Bis zum Gebrauch kühl stellen.

Den Backofen bei 220 °C (Umluft 200 °C) vorheizen. Den Hefeteig nochmals gut durchkneten und zu einem Laib formen. Auf ein Backblech setzen, mit Wasser bepinseln und im vorgeheizten Ofen in 35–40 Minuten knusprig backen. Das Brot vor dem Anschneiden gut abkühlen lassen und mit dem Limetten-Garnelen-Tatar servieren.

Spaghettini mit Zitronensauce

1/2 Bund glatte Petersilie,
Saft und abgeriebene Schale von 1 unbehandelten Zitrone,
250 g Spaghettini, Salz, 1 kleine Möhre,
100 g Knollensellerie, 3 EL Olivenöl,
50 ml trockener Weißwein, 100 ml Sahne,
100 g Mascarpone, frisch gemahlener Pfeffer
Außerdem: 1 geschälte Zitrone, in kleine Ecken geschnitten

Die Petersilie waschen und trockentupfen, die Blättchen von den Stängeln zupfen und fein hacken. Mit Zitronesaft und -schale vermischen. Die Spaghettini in reichlich kochendes Salzwasser geben und nach Packungsanleitung bissfest garen. Inzwischen die Möhre und den Sellerie schälen und in feine Streifen schneiden. In heißem Olivenöl kurz dünsten, mit dem Wein ablöschen und 5 Minuten köcheln lassen. Sahne und Mascarpone einrühren, alles mit Salz und Pfeffer würzen. Die Spaghettini in ein Sieb abgießen und sofort in einer vorgewärmten Schüssel mit der Sauce und der Zitronenpetersilie locker vermengen. In 4 tiefe Teller verteilen und mit den Zitronenecken garnieren.

 Zusätzlich mit Zitronenpfeffer würzen und blanchierte Cocktailtomaten sowie klein geschnittenen Rucola untermengen.

SALATE

Marokkanischer Orangen-Zucchini-Salat

1 rote Zwiebel, 500 g Zucchini, 100 g gesüßte Datteln, 3 Orangen,
50 g Rosinen, 50 ml Olivenöl, 1 TL grob zerstoßene Korianderkörner,
2 EL Essig, 1 Prise gemahlener Zimt, Salz, frisch gemahlener
schwarzer Pfeffer, 4 EL Mandelblättchen zum Garnieren

Die Zwiebel schälen, halbieren und in Streifen schneiden. Die Zucchini putzen, zuerst längs in dünne Scheiben, dann quer in schmale Streifen schneiden. Die Datteln in dünne Streifen schneiden und dabei die Kerne entfernen. 2 Orangen so schälen, dass die weiße Haut mit entfernt wird, und die Filets zwischen den Innenhäuten herauslösen. Die dritte Orange auspressen und den Saft über die Rosinen gießen.
In einer breiten Pfanne das Olivenöl erhitzen und darin die Zwiebel- und Zucchinistreifen etwa 5 Minuten andünsten. Den Pfanneninhalt in eine Schüssel umfüllen und mit den Dattelstreifen, den Orangenfilets und den Orangenrosinen vermengen. Mit Koriander, Essig, Zimt, Salz und Pfeffer würzen und zugedeckt im Kühlschrank 1 Stunde ziehen lassen. Nochmals abschmecken, auf Tellern anrichten und mit Mandelblättchen bestreuen.

Zu diesem erfrischenden Salat passen Safranreis und/oder Toast mit Zitronenbutter. Dazu zimmerwarme Butter mit etwas Zitronensaft und frisch geriebener Zitronenschale verrühren. Für eine asiatische Note zusätzlich noch 1 Teelöffel frisch gehacktes Koriandergrün unterrühren. In Portionsförmchen füllen und im Kühlschrank fest werden lassen.

Fenchelsalat mit Orangen und Ananas

2 Fenchelknollen, 100 g gekochter Schinken, 2 Babyananas,
2 Orangen, 150 g Naturjoghurt, 1/4 TL Currypulver,
1 Msp. Cayennepfeffer, Salz, frisch gemahlener schwarzer Pfeffer,
5 EL Orangensaft, 1 EL gehackte Petersilie,
50 g Mandelblättchen zum Garnieren

Die Fenchelknollen putzen, vierteln, vom Strunk befreien und längs in schmale Streifen schneiden. Den Schinken in Streifen schneiden. Die Babyananas der Länge nach halbieren und das Fruchtfleisch auslösen, die intakten Schalenhälften für die Dekoration beiseite legen. Etwa die Hälfte des Ananasfruchtfleischs in kleine Stücke schneiden (den Rest anderweitig verwenden). Die Orangen so schälen, dass die weiße Haut mit entfernt wird, und die Filets zwischen den Innenhäuten herauslösen. Den Joghurt mit Curry, Cayennepfeffer, Salz, Pfeffer, Orangensaft und Petersilie verrühren. In einer Schüssel alle vorbereiteten Zutaten locker mit der Salatsauce vermengen und dekorativ in die Ananashälften füllen. Mit Mandelblättchen garnieren.

 Extreme Zitrusfrüchte-Liebhaber können noch Grapefruit- und Limettenfilets zufügen. In diesem Fall sollte man allerdings die Salatsauce süßen.

Arabischer Petersiliensalat

500 g Fleischtomaten, 2 Zwiebeln, 1 Bund glatte Petersilie,
50 g schwarze Oliven, Saft von 1 Zitrone, 1 TL Zucker,
8 EL Olivenöl, Salz, frisch gemahlener schwarzer Pfeffer,
1 Msp. gemahlene Kurkuma, 1/2 TL gemahlener Kreuzkümmel,
Filets von 1 Zitrone zum Garnieren

Die Fleischtomaten blanchieren, häuten, von Stielanatz und Kernen befreien und in kleine Würfel schneiden. Die Zwiebeln schälen und fein würfeln. Die Petersilie waschen und trockentupfen, die Blättchen von den Stängeln zupfen und fein hacken. Die Oliven entsteinen und in Streifen schneiden. In einer Schüssel die vorbereiteten Zutaten mit Zitronensaft, Zucker, Olivenöl, Salz, Pfeffer, Kurkuma und Kreuzkümmel würzen und locker vermengen. Den Salat mit Folie abdecken und für mindestens 1 Stunde in den Kühlschrank stellen. Zum Servieren mit Zitronenfilets garnieren.

 Dazu passt türkisches Fladenbrot sehr gut.

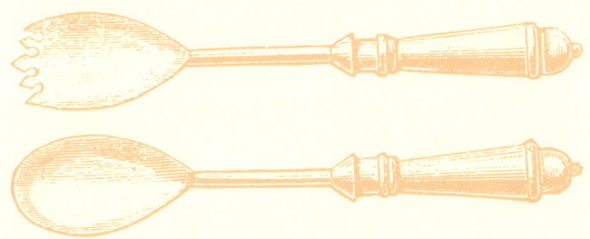

Rotkohlsalat mit Orangen

1 Stange Lauch, 1 Apfel, 500 g Rotkohl, Salz, 4 EL Olivenöl,
frisch gemahlener schwarzer Pfeffer, 1 Prise Zucker,
1 Prise gemahlener Nelkenpfeffer, 2 Gewürznelken, 1 Lorbeerblatt,
1/8 l Gemüsebrühe, 1 EL Aceto balsamico, 1 EL gehackte Petersilie,
2 Orangen, 100 g gehackte Walnüsse zum Garnieren

Den Lauch längs halbieren, waschen und quer in Streifen schneiden. Den Apfel schälen, vom Kerngehäuse befreien und in dünne Scheiben schneiden. Den Rotkohl putzen, vom Strunk befreien und auf einem Gemüsehobel fein raspeln. In eine Schüssel füllen, salzen, zerpflücken und gut durchkneten.
2 Esslöffel Olivenöl in einer hohen Pfanne erhitzen und darin Lauch und Apfel andünsten. Mit Salz, Pfeffer, Zucker, Nelkenpfeffer, Nelken und Lorbeerblatt würzen. Mit der Brühe aufgießen, zum Kochen bringen und die Mischung über den Rotkohl gießen. Mit restlichem Olivenöl, Aceto balsamico und Petersilie abschmecken. Die Orangen so schälen, dass die weiße Haut mit entfernt wird, die Filets zwischen den Innenhäuten herauslösen. Unter den Rotkohl mischen und auf 4 Teller verteilen. Mit Walnüssen bestreut servieren.

 Entweder solo mit Walnussbrot und Baguette genießen oder als Beilage zu Steaks oder einem Wildragout servieren.

Fruchtige Fitness-Rohkost mit Grapefruits

2 rosa Grapefruits, 1 Orange, 2 Mandarinen,
250 g Blumenkohl, 2 Birnen, 300 g Naturjoghurt,
Salz, frisch geschroteter schwarzer Pfeffer,
1 Kästchen Kresse

Die Grapefruits und die Orange so schälen, dass die weiße Haut mit entfernt wird, und die Filets zwischen den Innenhäuten herauslösen. Die Mandarinen sorgfältig schälen und in Segmente teilen. Drei Viertel der Früchte auf 4 Tellern sternförmig anrichten.
Den Blumenkohl putzen, die Birnen schälen und vom Kerngehäuse befreien. Beides grob raspeln. Locker mit dem Joghurt vermengen, mit Salz und Pfeffer würzen. Die Fruchtstückchen löffelweise mit der Mischung überziehen und mit den restlichen Zitrusfilets belegen. Die Kresse abschneiden, abbrausen und über die Rohkost streuen.

 Ein idealer Schlankmacher und Energiespender. Mit Vollkornbrot und hauchdünn geschnittenem Grillschinken servieren.

Filet- und Orangenbissen auf Salat

500 g Schweinefilet, 1 Friséesalat, 1 Orange,
1 Mandarine, Salz, frisch gemahlener schwarzer Pfeffer, 4 EL Kürbiskernöl,
3 EL Aceto balsamico, 3 EL Pflanzenöl, 2 cm frische Ingwerwurzel,
1 Schalotte, 1 kleine Chilischote, 100 g Aprikosenmarmelade, Saft von 1 Zitrone,
1 Prise Currypulver, 1 Packung Tacochips

Das Schweinefilet in gleich große, mundgerechte Würfel schneiden. Den Salat putzen, waschen, trockenschleudern und in mundgerechte Stücke zupfen. Orange und Mandarine so schälen, dass die weiße Haut mit entfernt wird, und die Filets zwischen den Innenhäuten herauslösen. Die Hälfte davon in kleine Stücke schneiden und ebenfalls beiseite legen. Den Salat mit den restlichen Zitrusfilets breitflächig auf 4 Teller verteilen. Aus Kürbiskernöl, Balsamico, Salz und Pfeffer ein Dressing rühren und den Salat damit beträufeln.

Das Pflanzenöl in einer Pfanne erhitzen und die Fleischstücke darin rundherum 3–4 Minuten braten. Herausnehmen, auf einen Teller legen und mit Salz und Pfeffer würzen.

Ingwerwurzel und Schalotte schälen und fein würfeln. Die Chilischote von Stielansatz, Samen sowie Scheidewänden befreien und klein schneiden. Die Aprikosenmarmelade mit dem Zitronensaft in einem Topf erwärmen. Ingwer, Schalotte und Chilischote einrühren und mit Curry würzen. Das Fleisch und den ausgetretenen Bratensaft vorsichtig einrühren. Die Fleischstücke einzeln herausnehmen, auf je 1 Tacochip setzen, rund um den Salat auf den Tellerrändern platzieren und mit den Orangenstückchen garnieren.

 Ein etwas außergewöhnliches Rezept, aber einer der Lieblingssalate der Autorin. Unbedingt probieren – guten Appetit!

Muschel-Minze-Salat mit Zitronenmarinade

1 Kopfsalat, 1/2 Bund frische Minze,
1 Glas eingelegte Muscheln im Sud (Abtropfgewicht 250 g),
2 Schalotten, 200 g Naturjoghurt, Saft von 1 Zitrone, 1 Prise Zucker,
Salz, frisch gemahlener schwarzer Pfeffer, 50 ml Olivenöl, 1 Orange

Den Salat putzen, waschen, trockenschleudern und in Streifen schneiden. Die Minze waschen und trockentupfen, die Blättchen von den Stängeln zupfen und nach Bedarf etwas kleiner schneiden. Die Muscheln leicht abtropfen lassen. Die Schalotten schälen und in Streifen schneiden.

Aus Joghurt, Zitronensaft, Zucker, Salz, Pfeffer und Olivenöl eine homogene Marinade aufschlagen. Alle Salatzutaten mit der Marinade locker vermengen und auf 4 Teller verteilen. Die Orange so schälen, dass die weiße Haut mit entfernt wird, und die Filets zwischen den Innenhäuten herauslösen. Den Salat damit garnieren.

 Dieser köstliche Salat weckt müde Lebensgeister. Die frischen Minzeblättchen können auch durch Zitronenmelisseblättchen ersetzt werden.

Warmer Kopfsalat mit Orangen und Krabben

*1 Kopfsalat, Salz, 1 Knoblauchzehe, 200 ml Sahne,
2 Orangen, 200 g geschälte Nordseekrabben,
frisch geschroteter schwarzer Pfeffer, 4 Weißbrotscheiben*

Den Kopfsalat in Blätter teilen, waschen und quer in etwa 1 Zentimeter breite Streifen schneiden. Kurz in kochendem Salzwasser blanchieren, abgießen, mit kaltem Wasser abschrecken und abtropfen lassen.
Den Knoblauch schälen und fein hacken. Zusammen mit der Sahne in einem breiten Topf zum Kochen bringen und 3–4 Minuten köcheln lassen. Inzwischen die Orangen so schälen, dass die weiße Haut mit entfernt wird, die Filets zwischen den Innenhäuten herauslösen und mit den Krabben locker vermengen.
Die Salatstreifen auf einmal in die Knoblauchsahne rühren. Mit Salz und Pfeffer würzen und den Topf vom Herd nehmen. Krabben und Orangenfilets unter die Sauce heben. Nochmals abschmecken und in 4 Portionsschalen hübsch anrichten. Die Weißbrotscheiben toasten, in fingerdicke Streifen schneiden und dekorativ in den Salat stecken. Sofort servieren.

 Für die Garnitur z.B. frisch abgezogene Orangenzesten, frisch gehackte Petersilie oder Kresse verwenden. Sie können anstelle der Krabben geräucherten Lachs in den Salat geben.

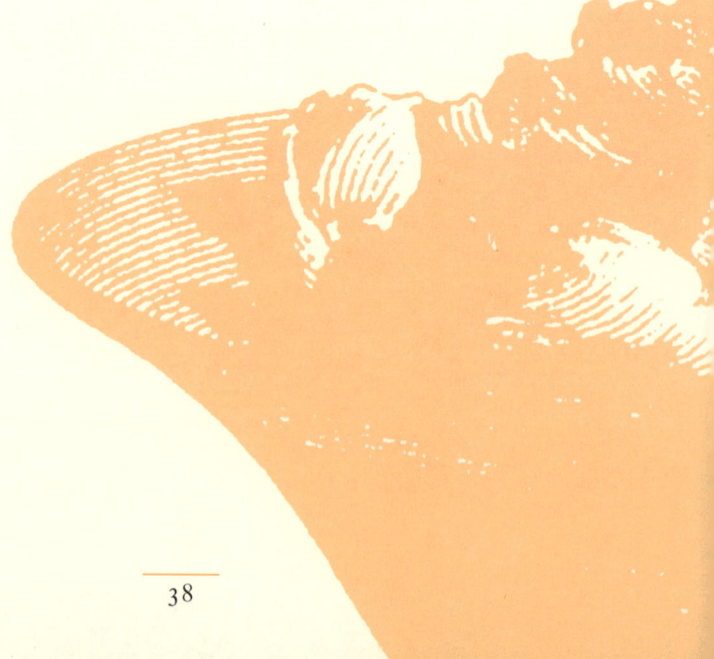

Krabbenbirnen mit Orangenfilets

2 Orangen, 5 Stängel Dill,
150 g Naturjoghurt, 5 EL Multivitaminsaft,
Saft von 1/2 Zitrone, Salz, frisch gemahlener schwarzer Pfeffer,
250 g gepulte Nordseekrabben, 2 Birnen

Die Orangen so schälen, dass die weiße Haut mit entfernt wird, und die Filets zwischen den Innenhäuten herauslösen. Den Dill waschen, trockentupfen, von den Stängeln zupfen und fein hacken. Die Hälfte davon mit Joghurt, Multivitaminsaft, etwas Zitronensaft, Salz und Pfeffer verrühren. Die Krabben unterheben.
Die Birnen schälen, der Länge nach vierteln, die Kerngehäuse entfernen und die Viertel längs so in schmale Scheibchen schneiden, dass sie am unteren Ende noch verbunden bleiben. Je 2 Birnenviertel fächerförmig auf einem Teller ausbreiten. Löffelweise mit Krabbenjoghurt überziehen, mit Orangenfilets und gehacktem Dill garnieren.

 Dazu passen mit hauchdünn geschnittenem Schinken umwickelte Grissini.

Panierte Putenstreifen auf Orangen-Joghurt-Salat

Für den Salat: 10 frische Minzeblättchen
(oder 1 TL TK-Sieben-Kräuter-Mischung),
1 Fenchelknolle, 1 Orange, 1 kleiner Apfel,
150 g Naturjoghurt, Saft von 1/2 Zitrone, 1 Prise Zucker,
Salz, frisch gemahlener schwarzer Pfeffer
Für die Putenstreifen: 250 g Putenschnitzel,
Salz, frisch gemahlener schwarzer Pfeffer,
1 Prise edelsüßes Paprikapulver,
Mehl zum Wenden, 50 g fein gehackte Walnusskerne,
1 Ei, 1 EL Pflanzenöl, 1 EL Butter

Für den Salat die Minzeblättchen waschen, trockentupfen und in feine Streifen schneiden. Den Fenchel putzen, vom Strunk befreien und in Streifen schneiden. Die Orange so schälen, dass die weiße Haut mit entfernt wird, und die Filets zwischen den Innenhäuten herauslösen. Den Apfel waschen, schälen, vom Kerngehäuse befreien und in dünne Spalten schneiden.

Den Joghurt mit den Minzeblättchen, dem Zitronensaft, Zucker, Salz und Pfeffer verrühren und mit dem Fenchel, den Orangenfilets und Apfelspalten in einer Schüssel vermengen.

Für die Putenstreifen das Fleisch in schmale Streifen schneiden und mit Salz, Pfeffer und Paprika würzen. Das Mehl und die Walnüsse jeweils in einen tiefen Teller füllen. Das Ei in einem weiteren tiefen Teller verquirlen. Die Putenstreifen zuerst im Mehl wenden, dann durch das Ei ziehen und schließlich in den Nüssen wenden; die Panade fest andrücken.

Pflanzenöl und Butter in einer Pfanne erhitzen. Die panierten Putenstreifen darin unter mehrmaligem Wenden etwa 5 Minuten braten. Den Salat auf Tellern anrichten und die Putenstreifen darauf verteilen.

 Dazu ofenfrisches Kräuterbaguette oder Fladenbrot servieren.

Geflügelsalat auf Schnittchen

Für 2 Portionen
1/2 gegrilltes Hähnchen
oder 200 g gegarte Puten- oder Hühnerbrust,
1 rosa Grapefruit, 1 Mandarine,
100 g Champignonköpfe (Dosenware),
100 g saure Sahne, 2 EL Mayonnaise,
Salz, frisch gemahlener schwarzer Pfeffer,
edelsüßes Paprikapulver, 4 Scheiben Vollkorntoast

Das Geflügelfleisch in kleine Würfel schneiden. Die Grapefruit sowie die Manda-
rine so schälen, dass auch die weiße Haut mit entfernt wird. Die Grapefruitfilets
aus den Innenhäuten herausschneiden, die Mandarine in Segmente teilen. Die
Champignonköpfe je nach Größe halbieren oder vierteln.
In einer Schüssel die saure Sahne mit der Mayonnaise verrühren. Grapefruitfilets,
Mandarinensegmente und die Hähnchenwürfel locker unterheben. Alles mit Salz,
Pfeffer und Paprika würzen. Die Brotscheiben toasten, diagonal vierteln und gleich-
mäßig mit dem Geflügelsalat belegen. Mit Paprikapulver bestäuben.

🍄 Dieser fruchtige Salat ist besonders zum Mittagessen zu empfehlen, denn durch
das hochwertige Vitamin C kommt nach dem Essen keine Müdigkeit auf,
vielmehr ist das Gegenteil der Fall: Sie fühlen sich top-fit.

Tropischer Fruchtsalat mit Hähnchenbrust

*200 g Hähnchenbrust, 2 EL Olivenöl,
1 Möhre, 1 Papaya, 1 Mango, 1 Orange,
1 Mandarine, 1 rosa Grapefruit, 1 Banane,
Saft von 1 Limette, 8 große Eisbergsalatblätter
Für das Dressing: 150 g Naturjoghurt, 1 TL Zucker,
Salz, frisch gemahlener schwarzer Pfeffer,
1 EL frisch gehacktes Koriandergrün*

Das Hähnchenfleisch in feine Streifen schneiden. Das Olivenöl in einer Pfanne erhitzen und das Fleisch darin in 3–5 Minuten rundherum anbraten, herausnehmen und warm halten.

Gemüse und Obst schälen, alles bis auf die Möhre und die Zitrusfrüchte in gleich große Stücke schneiden. Die Möhre raspeln und von den Zitrusfrüchten die Filets auslösen. Die vorbereiteten Zutaten in einer großen Schüssel mit dem Limettensaft beträufeln. Die Salatblätter waschen und trockenschleudern. Je 1 Blatt auf einen Teller legen, die übrigen Blätter in Streifen schneiden.

Aus Joghurt, Zucker, Salz, Pfeffer und Koriandergrün ein Dressing rühren. Mit den Salatstreifen unter die übrigen Zutaten mengen. Nochmals abschmecken und dekorativ auf den Salatblättern anrichten.

Diesen Salat zum Mittagessen servieren – und Sie sind wieder top-fit. Dazu schmeckt ofenfrisches Baguette oder Pumpernickel besonders gut.

Wer den Salat lieber vegetarisch mag, würfelt anstelle des Hähnchenfleischs 200 Gramm (Kräuter-)Tofu, brät ihn 3–5 Minuten in Olivenöl rundherum an und mischt sie unter den Salat.

Roastbeefsalat mit Pfifferlingen

1 kleine Zwiebel, 250 g frische Pfifferlinge,
250 g dünn geschnittenes, gebratenes Roastbeef,
1 Orange, 2 Mandarinen, 1/4 Bund glatte Petersilie,
3 EL Pflanzenöl, Salz, 150 g Feldsalat, 3 EL Walnussöl,
2 EL Sherryessig, 1 Spritzer Worcestersauce,
frisch gemahlener schwarzer Pfeffer

Die Zwiebel schälen und fein würfeln. Die Pfifferlinge putzen und je nach Größe kleiner schneiden. Das gebratene Roastbeef in schmale Streifen schneiden. Die Orange so schälen, dass die weiße Haut mit entfernt wird, und die Filets aus den Innenhäuten herauslösen. Die Mandarinen sorgfältig schälen und in Segmente teilen. Die Petersilie waschen und trockentupfen, die Blättchen von den Stängeln zupfen und fein hacken.

In einer Pfanne das Pflanzenöl erhitzen und darin die Zwiebelwürfel glasig dünsten. Die Pfifferlinge zugeben und so lange braten, bis die austretende Flüssigkeit verdampft ist. In einer Schüssel den Pfanneninhalt mit Roastbeefstreifen, Zitrusfrüchte und Petersilie locker vermengen.

Den Feldsalat putzen, waschen und trockenschleudern. Walnussöl, Sherryessig und Worcestersauce verrühren und unter die vorbereiteten Zutaten mischen. Zuletzt vorsichtig den Feldsalat unterheben. Mit Salz sowie Pfeffer würzen und hübsch auf 4 Tellern anrichten.

 Nach dem Wochenende oder Feiertagen sind oft Bratenreste übrig, die gut für einen Salat wie diesen verwendet werden können.

INTERNATIONALE HAUPTGERICHTE

Spargel mit Orangen-Zabaione

1 1/2 kg weißer Spargel, Salz, 1 Prise Zucker,
1 TL Butter, 1 TL Zitronensaft
Für die Zabaione: 4 Eigelb, 5 EL Orangensaft, Salz,
frisch gemahlener schwarzer Pfeffer, einige Tropfen
Worcestersauce, 1 TL frisch gehacktes Koriandergrün,
50 g Sahnequark, 50 g flüssige Butter
Außerdem: 2 Orangen für die Garnitur

Die Spargelstangen waschen, schälen und in reichlich mit Salz, Zucker, Butter und Zitronensaft versetztem Wasser in etwa 15 Minuten bissfest garen. Die Spargelstangen herausnehmen und auf vorgewärmten Tellern warm halten, das Kochwasser auf dem Herd stehen lassen.

Für die Zabaione die Eigelbe mit Orangensaft und 5 Esslöffeln Spargelsud in einer hitzebeständigen Schüssel über dem heißen Wasserdampf des Spargeltopfs so lange schlagen, bis ein dicklicher Schaum entstanden ist.

Die Schüssel vom Wasserbad nehmen, die Creme kurz kalt schlagen und mit Salz, frisch gemahlenem Pfeffer, Worcestersauce und Koriandergrün würzen. Sahnequark und Butter nach und nach unterschlagen.

Die Orangen so schälen, dass die weiße Haut mit entfernt wird, und die Filets zwischen den Innenhäuten herauslösen. Den Spargel löffelweise mit der Zabaione überziehen und mit den Orangenfilets garnieren.

Dazu passen neue Kartoffeln, aber auch Reibekuchen oder Weißbrot zum Auftunken der Zabaione. Als i-Tüpfelchen in einer Suppenkelle 5 Zentiliter Orangenlikör (z.B. Grand Marnier) erwärmen, anzünden und die Spargelportionen damit flambieren.

Zitronen-Thunfisch auf Tomatensauce

4 Scheiben Thunfisch (à 150–200 g),
4 Zitronen, Salz, frisch gemahlener schwarzer Pfeffer,
1 Zwiebel, 2 Knoblauchzehen,
6 EL Olivenöl, 200 ml trockener Weißwein,
250 g Pizzatomaten (Fertigprodukt),
1/2 Bund glatte Petersilie

Die Thunfischscheiben unter fließendem kaltem Wasser abspülen, mit Küchen-papier trockentupfen und auf eine Platte legen. 2 Zitronen auspressen und den Saft über die Fischscheiben träufeln. Mit Salz und Pfeffer würzen.

Die Zwiebel und den Knoblauch schälen und klein würfeln. 3 Esslöffel Olivenöl in einer Pfanne erhitzen und darin die Zwiebel- und Knoblauchwürfel glasig dünsten. Mit Weißwein ablöschen und die Pizzatomaten einrühren. Den Pfannen-inhalt mit Salz und Pfeffer würzen und 5 Minuten leise köcheln lassen.

Inzwischen das restliche Olivenöl in einer zweiten Pfanne erhitzen und darin die Thunfischscheiben auf beiden Seiten jeweils etwa 3 Minuten braten, bei geringer Hitze nachziehen lassen.

Die Petersilie waschen und trockentupfen, die Blättchen von den Stängeln zupfen, fein hacken und unter die Tomatensauce rühren. Die beiden restlichen Zitronen so schälen, dass die weiße Haut mit entfernt wird, die Filets zwischen den Innen-häuten herauslösen und diese nach Belieben in kleine Stücke schneiden. Die Sauce nochmals abschmecken und auf 4 vorgewärmte Teller verteilen. Je 1 Thunfisch-scheibe darauf setzen und mit Zitronenstückchen garnieren.

 Beim Fisch gilt die 3-S-Regel: säubern, säuern und salzen. Wichtig: Das Säuern muss vor dem Salzen geschehen. Dadurch zieht sich das Fischfleisch zusammen und kann dann besser gebraten werden.

Überbackenes Fischfilet mit Wurzelgemüse

4 TK-Fischfilets (z.B. Rotbarsch),
Saft von 2 Limetten,
Salz, frisch gemahlener schwarzer Pfeffer,
1/2 Bund Suppengrün, 2 EL Butter,
1/4 l Sahne, 1 EL Butterflöckchen

Die aufgetauten Fischfilets kalt abspülen, trockentupfen, mit dem Saft von 1 Limette beträufeln und mit Salz und Pfeffer würzen. Das Suppengemüse schälen bzw. putzen und in feine Streifen schneiden. Die Petersilie waschen und trockentupfen, die Blättchen von den Stängeln zupfen und fein hacken.

Den Backofen auf 200 °C (Umluft 180 °C) vorheizen. 1 Esslöffel Butter in einer Pfanne erhitzen und darin die Gemüsestreifen 3–4 Minuten glasig dünsten. Dann den Pfanneninhalt mit dem restlichen Limettensaft sowie der Petersilie verrühren und auf dem Boden einer flachen Auflaufform verteilen. Die Fischfilets darauf legen, mit der Sahne begießen und mit der restlichen Butter in Flöckchen belegen. Die Auflaufform mit Alufolie verschließen, in den vorgeheizten Ofen schieben und Fisch und Gemüse in 25–30 Minuten garen, in den letzten 10 Minuten die Alufolie entfernen.

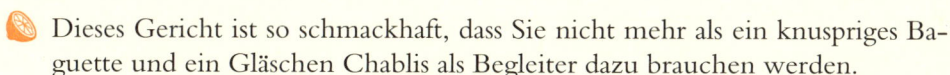 Dieses Gericht ist so schmackhaft, dass Sie nicht mehr als ein knuspriges Baguette und ein Gläschen Chablis als Begleiter dazu brauchen werden.

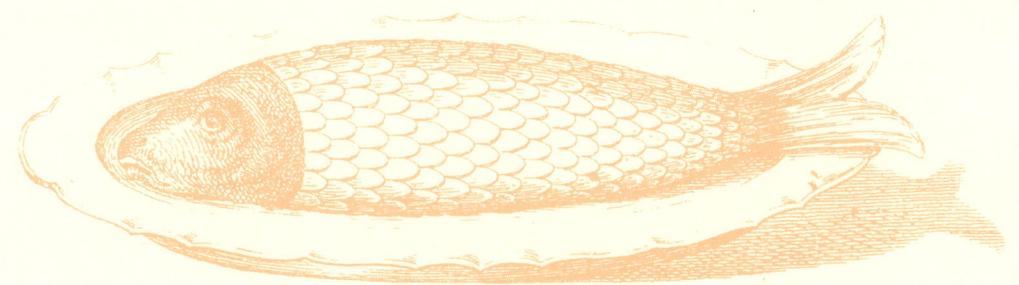

Käsefondue mit zitrusleichter Begleitung

Für das Fondue: 1 Knoblauchzehe, 250 g Gruyère,
1/4 l trockener Weißwein, Saft von 1 Zitrone,
1 EL Mehl (oder Speisestärke), 250 g Vacherin (spezieller Fonduekäse),
2 cl Orangenlikör (z.B. Grand Marnier)
Außerdem: 200 g Champignons, 2 Orangen, 2 Grapefruits,
2 Mandarinen, 200 g Kochschinken in dünnen Scheiben,
1 großes Baguette

Die Champignons putzen und je nach Größe ganz belassen oder halbieren. Orangen und Grapefruits so schälen, dass die weiße Haut mit entfernt wird, und die Filets zwischen den Innenhäuten herauslösen. Die Mandarinen sorgfältig schälen und in Segmente teilen. Die Schinkenscheiben in Streifen schneiden und einen beliebigen Teil der Zitrusfilets und -segmente damit umwickeln.
Alle vorbereiteten Zutaten in Schüsselchen anrichten und in der Mitte des Tischs anordnen. Das Baguette in gleich große, mundgerechte Stücke schneiden und in einem Brotkorb bereit stellen.
Für das Fondue die Knoblauchzehe halbieren und das Caquelon (ein spezieller Keramik-Käsefonduetopf) damit ausreiben. Den Gruyère sehr fein reiben und mit dem Weißwein in einen Topf geben. Den Zitronensaft im Mehl (oder in der Speisestärke) glatt rühren und über den Käse träufeln. Den Vacherin fein reiben und darüber streuen. Alles mit Orangenlikör parfümieren. Die Käsemischung im Kochtopf auf dem Herd schmelzen lassen, dann in den Fonduetopf umfüllen und diesen auf das Rechaud stellen.

🍊 Ganz nach Gusto Fenchelstücke, Cocktailtomaten, Radieschen oder Zucchinistücke in den Käse tauchen. Oder die in Käse getunkten Brotstücke anschließend in gehackter Petersilie oder Kresse wälzen. So ist der „fette" Käse viel bekömmlicher. Und wenn Sie zu dem Käsefondue einen Schwarztee trinken, brauchen Sie am Ende des Fondues auch keinen „Verdauungsschnaps", aber vielleicht wollen Sie ja trotzdem einen ...

🍊 Mittlerweile sind beschichtete Fonduetöpfe im Handel, die man auf einen elektrischen Tischsockel stellt. In ihnen kann man den Käse auf dem Herd schmelzen lassen. Der Vorteil: Man muss die Mischung nicht noch einmal umfüllen.

Reisfleisch mit Früchten

250 g Schweineschnitzel, Salz, frisch gemahlener schwarzer Pfeffer,
1 Zwiebel, 2 Knoblauchzehen, 5 EL Pflanzenöl,
250 g Langkornreis, 1 Prise Cayennepfeffer, 100 ml trockener Weißwein,
1/2 l Fleischbrühe, 100 g Mandelblättchen,
2 Pfirsichhälften aus der Dose, 1 kleine Dose Mandarinenfilets,
2 EL Mango-Chutney (Fertigprodukt)

Die Schweineschnitzel in schmale Streifen schneiden, mit Salz und Pfeffer würzen. Die Zwiebel und den Knoblauch schälen und fein würfeln. 2 Esslöffel Pflanzenöl in einem breiten Topf erhitzen und darin die Schnitzelstreifen rundherum anbraten, herausnehmen und auf einen Teller legen.

Das restliche Pflanzenöl in den Topf gießen, Zwiebel- und Knoblauchwürfel darin glasig dünsten. Den Reis einrühren, mit Cayennepfeffer, Salz und Pfeffer würzen. Den Topfinhalt mit Weißwein ablöschen und mit Fleischbrühe aufkochen. Die Fleischstreifen mit dem ausgetretenen Bratensaft untermischen und das Ganze bei geschlossenem Topf und mittlerer Hitze in etwa 20 Minuten garen. Inzwischen in einer heißen Pfanne die Mandelblättchen ohne Fett so lange rösten, bis sie zu duften beginnen. Auf einen Teller geben.

Die Pfirsichhälften in Streifen schneiden. Die Mandarinenfilets abgießen, den Saft auffangen, mit dem Mango-Chutney verrühren und mit den Früchten kurz vor Ende der Garzeit locker unter das Reisfleisch mischen. Auf vorgewärmte Teller verteilen und mit Mandeln bestreuen.

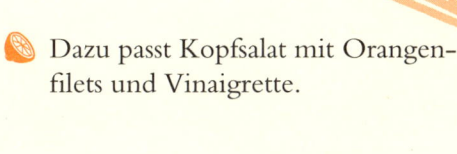 Dazu passt Kopfsalat mit Orangen-
filets und Vinaigrette.

Fleisch und Gemüse vom Blech mit Zitronensauce

1 kleine Aubergine, Salz, 1 Fenchelknolle,
2 Fleischtomaten, 1/2 Bund frische gemischte Kräuter
(Oregano, Thymian, Basilikum etc.),
4 Lammkoteletts, 4 Schweinemedaillons (à ca. 70 g)
frisch gemahlener schwarzer Pfeffer, 4 Knoblauchzehen,
Saft von 1 Zitrone, 5–8 EL Olivenöl
Für die Sauce: 3 Eigelb,
1/4 TL scharfer Senf, 100 ml Olivenöl,
Salz, grob geschroteter schwarzer Pfeffer,
1 Prise Zucker, Saft von 1/2 Zitrone

Die Aubergine putzen, der Länge nach vierteln und für 15 Minuten in kaltes Salzwasser legen. Die Fenchelknolle putzen, in Viertel schneiden und den Strunk entfernen. Das Fenchelgrün grob hacken und für die Sauce beiseite stellen. Die Tomaten waschen, vom Stielansatz befreien und quer halbieren. Die gemischten Kräuter waschen, trockentupfen und ein Backblech damit auslegen. Die Fleischstücke auf beiden Seiten mit Salz und Pfeffer würzen und auf das Kräuterbett legen. Den Knoblauch schälen und fein hacken. Mit dem Zitronensaft und dem Olivenöl gründlich verrühren.

Den Backofen auf 200 °C (Umluft 180 °C) vorheizen. Die Auberginenstücke aus dem Salzwasser nehmen, mit Küchenpapier abtupfen und mit dem Fenchel und den Tomaten auf dem Kräuterbett verteilen. Leicht salzen und pfeffern. Das Zitronenöl über das Gemüse und das Fleisch träufeln. Das Backblech in den vorgeheizten Ofen schieben. Fleisch und Gemüse während der Garzeit von 30 Minuten zwei- bis dreimal wenden. In den letzten 10 Minuten den Grill zuschalten.

Für die Sauce mit einem elektrischen Handrührgerät Eigelbe und Senf auf höchster Stufe cremig rühren. Nach und nach das Olivenöl unterschlagen, bis die Sauce eine cremige Konsistenz hat. Mit vorbereitetem Fenchelgrün, Salz, Pfeffer, Zucker und Zitronensaft würzen.

 Dazu passt eine knusprige Ciabatta und ein Gläschen italienischer Weißwein.

Orangenhackfleisch im Körbchen

100 g Pinienkerne, 4 große Orangen,
1 Zwiebel, 2 Knoblauchzehen,
5 EL Olivenöl, 300 g Hackfleisch vom Rind,
1/2 TL gerebelter Thymian,
1 kräftige Prise gemahlener Zimt,
1 Prise Cayennepfeffer, 1 Lorbeerblatt,
Salz, frisch geschroteter schwarzer Pfeffer

Eine Pfanne ohne Fett erhitzen und darin die Pinienkerne so lange rösten, bis sie zu duften beginnen. Herausnehmen und auf einen Teller legen.
Die Orangen heiß waschen, mit Küchenpapier trockenreiben und quer halbieren. Die Orangenhälften aushöhlen und beiseite stellen. Ein Viertel des Fruchtfleischs in kleine Stücke schneiden und mit etwas aufgefangenem Saft beiseite stellen (das restliche Orangenfleisch z.B. für eine Nachspeise verwenden). Die Zwiebel sowie den Knoblauch schälen und fein würfeln. Das Olivenöl erhitzen und darin die Zwiebel- und Knoblauchwürfel glasig dünsten. Das Hackfleisch zugeben und unter Rühren krümelig braten. Mit Thymian, Zimt, Cayennepfeffer, Lorbeerblatt, Salz und Pfeffer würzen. Bei mittlerer Hitze in etwa 10 Minuten fertig braten. Erst dann die Orangenstücke samt Saft einrühren und nochmals abschmecken.
Die Hackfleischmischung in die leeren Orangenhälften füllen. Dick mit den Pinienkernen bestreuen und je 2 Orangenkörbchen auf einem Teller servieren.

Wiener Schnitzel

Wie im Vorwort schon erwähnt würde ich auf ein Wiener Schnitzel verzichten, wenn keine frischen Zitronen im Hause sind. Stellen Sie sich vor: hauchdünn geklopfte Kalbfleischtranchen, am besten aus der Kalbsnuss geschnitten, mit einer Semmelbrösel-Panade knusprig gebacken, die sich leicht vom Fleisch abheben darf, auf vorgewärmten Tellern mit Petersilie und Zitronenschnitzen angerichtet. Genussvoll den frischen Zitronensaft darüber träufeln und vor dem ersten Bissen die Augen schließen und die Symbiose von Knusprigkeit und zitroniger Frische erschmecken ...

4 dünne Kalbsschnitzel (à 150–180 g),
Salz, frisch gemahlener schwarzer Pfeffer,
Mehl zum Wenden,
frisch geriebene Semmelbrösel, 2 Eier,
2 EL Sahne oder Milch,
etwa 200 g Schweineschmalz oder Pflanzenöl zum Braten,
2 Zitronen, 4 Stängel krause Petersilie

Die Kalbsschnitzel mit einem Fleischklopfer sanft klopfen. Auf beiden Seiten mit Salz und Pfeffer würzen. Mehl und Semmelbrösel jeweils in tiefe Teller füllen. Die Eier mit Sahne oder Milch in einem dritten tiefen Teller verschlagen. Die Schnitzel erst im Mehl und dann in den Eiern wenden. Dann mehrmals durch die Semmelbrösel ziehen, ohne die Panade festzudrücken.
Das Fett in zwei mittleren Pfannen oder einer großen Pfanne erhitzen und die Schnitzel darin auf beiden Seiten knusprig anbraten. Die Hitze reduzieren und das Fleisch unter mehrmaligem Übergießen mit dem Fett in 2–3 Minuten fertig braten. Herausnehmen, nach Belieben auf Küchenpapier kurz abtropfen lassen und auf Tellern anrichten. Mit Zitronenschnitzen und Petersilienbüscheln garnieren.

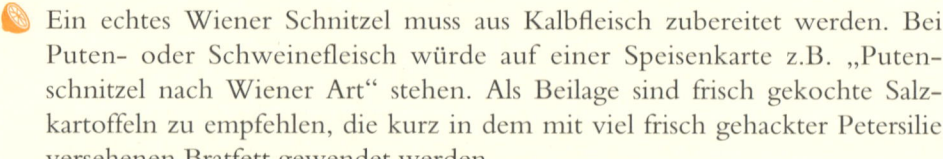 Ein echtes Wiener Schnitzel muss aus Kalbfleisch zubereitet werden. Bei Puten- oder Schweinefleisch würde auf einer Speisenkarte z.B. „Putenschnitzel nach Wiener Art" stehen. Als Beilage sind frisch gekochte Salzkartoffeln zu empfehlen, die kurz in dem mit viel frisch gehackter Petersilie versehenen Bratfett gewendet werden.

Scaloppine al limone con bietole
Zitronenschnitzel mit Mangold

1 kleine Zwiebel, 2 Knoblauchzehen, 500 g Mangold, 2 EL Butter,
Meersalz, frisch gemahlener schwarzer Pfeffer,
4 dünne Kalbsschnitzel (à ca. 150 g), 4 EL Olivenöl,
100 ml Sahne, 50 g Kräuter-Crème-fraîche,
1 Prise frisch gemahlene Muskatnuss, Saft von 1 Zitrone

Zwiebel und Knoblauch schälen und fein würfeln. Den Mangold putzen und waschen. Die Blätter quer in etwa 1 Zentimeter breite Streifen schneiden. In einem breiten Topf die Butter erhitzen und darin die Zwiebel- und Knoblauchwürfel glasig dünsten. Die Mangoldstreifen hinzufügen und 5 Minuten mitdünsten, mit Salz und Pfeffer würzen.

Die Kalbsschnitzel dünn klopfen und mit Pfeffer würzen. In einer Pfanne das Olivenöl erhitzen und die Schnitzel darin auf beiden Seiten jeweils 2 Minuten braten. Herausnehmen und salzen.

Das Mangoldgemüse mit Sahne, Kräuter-Crème-fraîche und Muskat verfeinern. Die Schnitzel auf vorgewärmte Teller verteilen und mit Zitronensaft beträufeln. Das Mangoldgemüse daneben anrichten.

Sollte es die Jahreszeit erlauben, die plattierten Kalbsschnitzel bei starker Hitze kurz und heftig auf dem Holzkohlengrill garen, mit Zitronensaft beträufeln und genießen. Sollten Sie noch eine Sauce brauchen, einfach eine Mayonnaise aufschlagen und diese mit Zitronensaft und Zitronenzesten verfeinern.

Brasilianisches Orangen-Roastbeef

*1 kg Roastbeef, 3 Knoblauchzehen, 1/2 TL Salz,
1/4 TL gemahlener Zimt, 1/4 TL gemahlener Kreuzkümmel,
frisch geschroteter schwarzer Pfeffer, 5 EL Pflanzenöl,
2 unbehandelte Orangen, 1 Limette*

Vom Roastbeef die Fettschicht großzügig abschneiden, dann das Fleisch kalt abspülen, mit Küchenpapier trockentupfen und mit einer Gabel rundherum mehrmals einstechen.

Den Knoblauch schälen und durch eine Presse drücken. Zusammen mit Salz, Zimt, Kreuzkümmel, Pfeffer und 2 Esslöffeln Pflanzenöl zu einer Paste verrühren. Das Roastbeef damit rundherum einreiben.

Den Backofen auf 200 °C (Umluft 180 °C) vorheizen. Das restliche Pflanzenöl in einem Bräter erhitzen und darin das Roastbeef rundherum anbraten. Den Bräter in den vorgeheizten Backofen schieben und das Fleisch unter mehrmaligem Wenden in knapp 40 Minuten garen. Das Fleisch herausnehmen, in Alufolie wickeln und 10 Minuten ruhen lassen.

Inzwischen die Orangen heiß waschen, gründlich mit Küchenpapier trockenreiben und mit einem Zestenreißer dünne Orangenzesten abziehen. Die Limette auspressen und die Zesten mit dem Saft beträufeln. Beide Orangen nun so schälen, dass dabei auch die weiße Haut mit entfernt wird, und das Fruchtfleisch in dünne Scheiben schneiden.

Das Fleisch aus der Folie wickeln, in dünne Scheiben schneiden und den ausgetretenen Bratsaft in eine Sauciere füllen. Orangen- und Fleischscheiben dachziegelartig auf einer großen Servierplatte anrichten. Mit dem Limettensaft beträufeln, mit den Orangenzesten bestreuen und mit Alufolie abgedeckt 2 Stunden im Kühlschrank durchziehen lassen. Kalt servieren und den Bratsaft separat dazu reichen.

Dazu passt eine selbst hergestellte, mit Orangensaft parfümierte Mayonnaise und viel knuspriges Baguette.

Entrecôte mit Grapefruitjus

1 rosa Grapefruit, 4 Entrecôtes (à ca. 180 g),
4 EL Pflanzenöl,
Salz, frisch geschroteter schwarzer Pfeffer,
50 g gehackte Walnusskerne

Die Grapefruit so schälen, dass die weiße Haut mit entfernt wird, und die Filets aus den Innenhäuten herauslösen. Die Entrecôtes mit der flachen Hand leicht plattieren. Das Pflanzenöl in einer Pfanne erhitzen und die Fleischscheiben von beiden Seiten jeweils 3–4 Minuten braten. Mit Salz und Pfeffer würzen. Herausnehmen, auf einen Teller legen, mit Alufolie abdecken und ruhen lassen. Die Grapefruitfilets in den Bratensatz geben und 1–2 Minuten darin schwenken, leicht salzen.
Die Entrecôtes auf 4 Teller verteilen, den ausgetretenen Bratensaft in die Pfanne zu den Grapefruitfilets gießen, den Pfanneninhalt nochmals durchschwenken und auf den Fleischstücken verteilen. Mit gehackten Walnüssen garnieren.

 Dazu passt ein Kartoffelgratin und ein gemischter Salat.

Gegrillte Nackensteaks mit Schalotten-Limetten-Sauce

6 Schalotten, Saft von 3 Limetten, Salz, 1 rote Chilischote,
4 Knoblauchzehen, 2 EL Butter, 4 Schweinenackensteaks,
Salz, frisch gemahlener schwarzer Pfeffer,
1/2 TL Grillgewürz (Fertigprodukt), 4 EL Pflanzenöl

Die Schalotten schälen und in feine Streifen schneiden. In einer Schüssel mit dem Limettensaft und 1 Prise Salz vermengen. Mit Folie abdecken und 1/2 Stunde ruhen lassen.

Inzwischen die Chilischote von Stielansatz, Samen sowie Scheidewänden befreien und fein hacken. Den Knoblauch schälen und ebenfalls fein würfeln. Die Schalotten in einem Sieb abtropfen lassen und dabei den Saft auffangen.

Die Butter in einer Pfanne erhitzen und Schalottenstreifen, Chilischoten und Knoblauch zugeben. Unter mehrmaligem Rühren etwa 20 Minuten dünsten. Den Pfanneninhalt in eine Schüssel füllen und mit dem aufgefangenen Limettensaft vermengen.

Die Schweinenackensteaks mit Salz, Pfeffer und Grillgewürz würzen. Das Öl in einer Pfanne erhitzen und die Steaks darin auf beiden Seiten jeweils 5 Minuten braten oder auf einem Holzkohlengrill bei starker Hitze auf beiden Seiten knusprig grillen. Je ein gebratenes Steak auf einen Teller legen und darauf die Schalotten-Limetten-Sauce verteilen.

Anstelle der Schalotten können Sie auch Zwiebeln verwenden und nach Geschmack die Chili-Dosis erhöhen. Als Beilage passen gegrillte Maiskolben und Folienkartoffeln dazu.

Schweinemedaillons auf Toast mit Orangen-Bananen-Sauce

600 g Schweinefilet, 2 EL Pflanzenöl,
Salz, frisch gemahlener schwarzer Pfeffer,
4 Scheiben Sandwichbrot
Für die Sauce: 2 Bananen, Saft von 1 Orange und
1/2 Limette, 1 EL Mango-Chutney (Fertigprodukt),
150 g saure Sahne, 1/4 TL Currypulver,
Salz, frisch gemahlener schwarzer Pfeffer,
1 TL brauner Zucker
Außerdem: Filets von 1 Orange

Für die Sauce die Bananen schälen und das Fruchtfleisch mit einer Gabel zerdrücken. Orangen- und Limettensaft unterrühren. Nach und nach die restlichen Saucenzutaten untermischen und mit Folie bedeckt in den Kühlschrank stellen.
Inzwischen das Schweinefilet quer in 8 Medaillons schneiden und diese mit der Hand leicht plattieren. Das Öl in einer Pfanne erhitzen und die Medaillons darin auf beiden Seiten jeweils 4–6 Minuten braten. Mit Salz und Pfeffer würzen.
Die Brotscheiben toasten, dünn mit Bananensauce bestreichen und je 2 Medaillons darauf setzen. Mit der restlichen Sauce überziehen und mit Orangenfilets garnieren.

Sie können die Sauce nach Belieben mit Mandelblättchen und frisch gehackter Petersilie variieren.

Anstelle der hier angebenen Sauce können Sie auch die Bananensauce mit Mandarinenduft (siehe Rezept S. 79) verwenden.

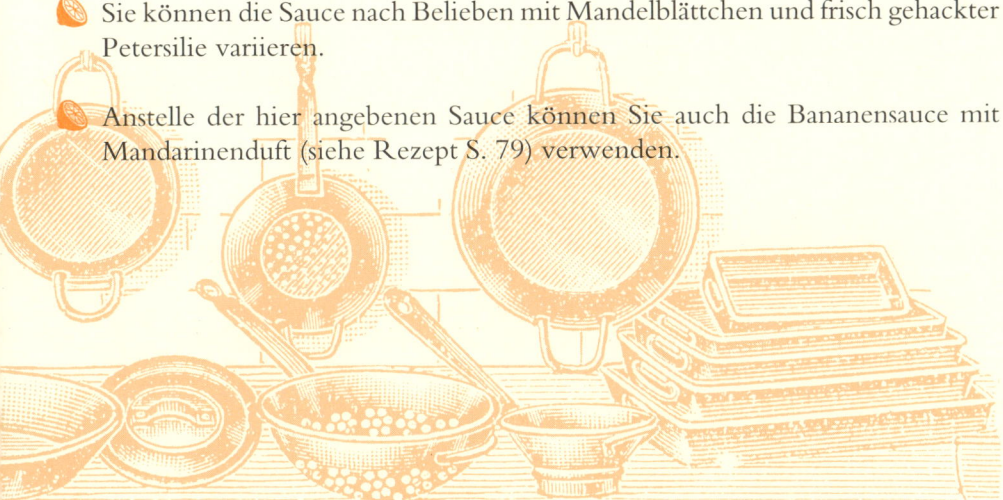

Kasseler-Toast mit Orangen und Bananen

4 Kasselerkoteletts ohne Knochen,
Fleischbrühe nach Bedarf, 4 Scheiben Weißbrot, 1 EL kalte Butter,
2 Orangen, 100 g frisch geriebener Käse (z.B. Gouda),
50 g Cornflakes, 1 EL flüssige Butter,
1 Msp. Currypulver, 1 Banane, Saft von 1/2 Zitrone

Die Kasselerkoteletts entweder in heißem Wasser, in heißer Brühe oder in der
Mikrowelle in 4–5 Minuten erwärmen. Die Weißbrotscheiben toasten und mit der
Butter bestreichen. Die Orangen so schälen, dass die weiße Haut mit entfernt
wird, und die Filets aus den Innenhäuten herauslösen. Den Käse mit Cornflakes,
flüssiger Butter und Curry locker vermengen. Den Backofen auf 200 °C (Umluft
180 °C) vorheizen.
Je 1 Kotelett auf 1 getoastete Brotscheibe legen und diese auf ein Backblech setzen.
Die Banane schälen, in Scheiben schneiden, mit Zitronensaft beträufeln und mit
den Orangenfilets auf den Kasselerbroten verteilen. Die Cornflakes–Käse–Mischung
darüber geben. Das Backblech in den vorgeheizten Ofen schieben, den Grill zuschalten und die Brote in knapp 10 Minuten knusprig überbacken.

 Das Kasseler kann durch kurz gebratene Fleischstücke (z.B. Schweinefilet oder
Hähnchenbrust) ersetzt werden. Als Beilage empfiehlt sich Feldsalat mit
Vinaigrette, Speck und Walnüssen oder Eisbergsalat mit Joghurtdressing.

Truthahngeschnetzeltes in Mandarinenrahm

500 g Truthahnschnitzel, frisch gemahlener schwarzer Pfeffer,
1 TL getrockneter Oregano, 1 Zwiebel, 1 Knoblauchzehe,
1 kleine Dose Mandarinenfilets, 3 EL Olivenöl, Salz,
1 EL Butter, 5 cl Marsala (italienischer Dessertwein),
50 ml trockener Weißwein, 300 ml Sahne,
2 EL Aprikosenmarmelade, 1 Msp. Cayennepfeffer

Die Truthahnschnitzel in schmale Streifen schneiden und mit Pfeffer und Oregano
würzen. Die Zwiebel und den Knoblauch schälen und fein würfeln. Von den Mandarinenfilets die Hälfte des Safts abgießen.
In einer größeren Pfanne das Olivenöl erhitzen und darin die Fleischstreifen portionsweise rundherum scharf anbraten, herausnehmen, auf einen Teller legen und
salzen. Die Butter im Bratensatz erhitzen und darin die Zwiebel- und Knoblauchwürfel glasig dünsten. Mit Marsala ablöschen und mit Weißwein und Sahne
aufgießen. Die Marmelade einrühren und die Sauce 3–5 Minuten einkochen lassen.
Mit Salz, Pfeffer und Cayennepfeffer würzen. Die Mandarinenfilets samt dem
restlichen Saft, die Fleischstreifen und den ausgetretenen Bratensaft unterrühren.
Nochmals abschmecken und sofort servieren.

Als Garnitur bieten sich hübsch verzierte Orangenscheiben an: Dafür etwas
Aprikosenmarmelade mit geschlagener Sahne verrühren und dekorativ auf den
Orangenscheiben anrichten.

Anstelle der Mandarinenfilets aus der Dose können Sie auch aromatische,
frische Mandarinen verwenden. Allerdings ist die Dosenware süßer und saftiger
und deshalb, wie ich finde, für dieses Gericht besser geeignet.

Backhähnchen nach Wiener Art

2 küchenfertige Hähnchen (à ca. 1,2 kg), Saft von 1/2 Zitrone,
Salz, frisch gemahlener schwarzer Pfeffer, Mehl zum Wenden,
frisch geriebene Semmelbrösel zum Panieren, 3 Eier, 3 EL Milch,
1/4 l Pflanzenöl, 100 g Butter, 2 unbehandelte Zitronen

Die Hähnchen jeweils in 4 Teile schneiden, Haut und Knochen entfernen. Die Hähnchenteile waschen und trockentupfen. Mit Zitronensaft beträufeln und mit Salz sowie Pfeffer würzen. Mehl und Semmelbrösel jeweils in tiefe Teller geben. Die Eier in einem dritten tiefen Teller mit der Milch verquirlen. Die Hähnchenteile zuerst im Mehl wenden, dann durch die Eier ziehen und schließlich in den Semmelbröseln wenden.
In einer großen Pfanne oder in 2 mittleren Pfannen die Butter erhitzen und darin die Hähnchenteile rundherum in etwa 15 Minuten knusprig braten, dabei ständig mit dem Bratfett begießen.
Nach Belieben auf Küchenpapier entfetten und auf Tellern anrichten. Die Zitronen in Viertel oder Achtel schneiden und zu den Hähnchenteilen servieren.

 Dieses Rezept ist mir äußerst wichtig: Was wäre schon ein gebackenes Hähnchen ohne Zitronensaft zum Darüberträufeln? Was für ein Genuss!

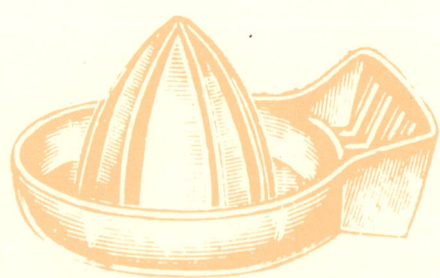

Zitronen-Rosmarin-Hähnchen

2 küchenfertige Hähnchen (à ca. 1,2 kg), 4 Schalotten, 4 Knoblauchzehen,
150 ml Olivenöl, 1 Bund frischer Rosmarin, Saft von 2 Zitronen
Für die Zitronenbutter: 125 g zimmerwarme Butter,
Saft von 1 Zitrone, Salz, frisch gemahlener schwarzer Pfeffer,
Zitronenzesten und/oder Zitronenpfeffer nach Belieben

Die Hähnchen jeweils in 4 Teile schneiden, waschen und trockentupfen. Die
Schalotten schälen und in Streifen schneiden. Den Knoblauch schälen und durch
eine Presse in das Olivenöl drücken. Den Rosmarin waschen und trockentupfen,
die Nadeln von den Zweigen zupfen und fein hacken. Drei Viertel davon zusammen mit dem Zitronensaft unter das Olivenöl schlagen. Die Hähnchenteile in einer
Auflaufform mit dem Zitronen-Knoblauch-Öl vermengen, mit Folie abdecken
und für etwa 2 Stunden in den Kühlschrank stellen.
Inzwischen für die Zitronenbutter die Butter mit dem Zitronensaft verrühren, mit
Salz und Pfeffer würzen. Nach Belieben frisch gezogene Zitronenzesten und/oder
Zitronenpfeffer unterrühren. Die Butter in 4 Portionsförmchen füllen und zum
Erkalten in den Kühlschrank stellen.
Den Backofen auf 200 °C (Umluft 180 °C) vorheizen. Die Folie von der Form
entfernen und die Hähnchenteile in den vorgeheizten Ofen schieben. Während der
Garzeit von etwa 30 Minuten mehrmals wenden und in den letzten 10 Minuten
den Grill zuschalten. Die Zitronenbutter separat zum Hähnchen reichen.

 Dazu schmeckt Fladenbrot, mit dem Sie dann auch das köstliche Öl aus der
Form aufdippen können. Als Beilage Schafskäsewürfeln mit schwarzen und
grünen Oliven vermischt servieren.

Hähnchenspieße auf Orangenreis

500 g Hähnchenbrustfilets,
1 EL Garam Masala (indische Gewürzmischung),
2 EL Olivenöl, Saft von 2 Limetten,
Salz, frisch gemahlener schwarzer Pfeffer
Für den Orangenreis: 100 g Butter, 250 g Langkornreis,
Salz, frisch gemahlener schwarzer Pfeffer,
1 Prise Zucker, 1 Döschen gemahlener Safran,
1 TL Schwarzkümmel, 600 ml Gemüsebrühe,
2 Orangen, 100 g Mandelstifte, 100 g Rosinen
Außerdem: 4 Schaschlikspieße

Das Hähnchenfleisch in schmale Streifen schneiden. In einer Schüssel mit Garam Masala, Olivenöl, Limettensaft und je 1 Prise Salz und Pfeffer vermengen.
Für den Orangereis die Butter in einem breiten Topf erhitzen und den Reis ein-rühren. Mit Salz, Pfeffer, Zucker, Safran und Schwarzkümmel würzen. Die Brühe zugießen, aufkochen lassen und den Reis bei mittlerer Hitze 10 Minuten garen.
Inzwischen die Orange so schälen, dass die weiße Haut mit entfernt wird. Die Filets aus den Innenhäuten herauslösen und diese zusammen mit den Mandelstiften und den Rosinen unter den Reis mengen. Den Topf mit einem Deckel verschließen, vom Herd ziehen und den Reis 15 Minuten quellen lassen.
Inzwischen die Fleischstücke gleichmäßig auf die Spieße stecken und in einer heißen, beschichteten Pfanne ohne zusätzliches Öl in 5–8 Minuten rundherum knusprig braten. Den Orangenreis auf 4 vorgewärmte Teller verteilen und je 1 Spieß darauf anrichten.

Dies ist ein ideales Sommergericht. Der Orangenreis kann genauso gut kalt als Salat gegessen werden. Die Hähnchenspieße schmecken vom Holzkohlengrill selbstverständlich noch besser als aus der Pfanne.

Garam Masala ist eine indische Gewürzmischung, die man als Fertigprodukt kaufen, aber auch schnell selbst zubereiten kann. Dazu je 1 Teelöffel Nelken, Kreuzkümmelsamen, Kardamomsamen und schwarze Pfefferkörner im Mörser zerreiben. Dann mit je 1 Teelöffel gemahlener Muskatnuss und Zimt vermischen. Luftdicht im Glas aufbewahren.

Hähnchenleber mit Mandarinen und Ananas

500 g Hähnchenlebern,
frisch gemahlener schwarzer Pfeffer,
2 EL Mehl, 5 EL Pflanzenöl, Salz,
ca. 100 ml Bratensaft, 1 kleine Dose Mandarinenfilets,
100 g Ananasstücke (Dosenware),
1 EL gehackte Petersilie

Die Hähnchenlebern waschen, mit Küchenpapier trockentupfen und in Streifen schneiden. Mit Pfeffer würzen und nur leicht im Mehl wenden. Das Pflanzenöl in einer Pfanne erhitzen und darin die Leberstreifen rundherum 3–4 Minuten braten; herausnehmen, auf einen Teller legen und salzen.
Den Bratensaft mit dem Fond aus dem Glas auf 100 Milliliter auffüllen, zurück in die Pfanne gießen und kurz kochen lassen. Die Mandarinenfilets sowie die Ananasstücke abgießen und tropfnass unterrühren. Kurz durchschwenken, mit Salz und Pfeffer abschmecken und zuletzt die Leberstreifen samt ausgetretenem Bratensaft untermengen. Sofort auf Teller verteilen und mit Petersilie garnieren.

 Dazu passt orangefarbenes Kartoffelpüree: Dafür in der Schale gekochte Kartoffeln pellen, zerstampfen, mit zerlassener Butter, 1 Teelöffel Tomatenmark und Kräuter-Crème-fraîche vermischen.

Orangengans aus dem Backofen

Für 7–8 Personen
1 küchenfertige Gans (ca. 5 kg), Salz, frisch gemahlener
schwarzer Pfeffer, edelsüßes Paprikapulver, 1/8 l Fleischbrühe,
4 cl Orangenlikör (z.B. Grand Marnier)
Für die Füllung: 5 unbehandelte Orangen, 2 Stück Würfelzucker, 1 EL Honig,
4 Äpfel, 50 g Rosinen, 2 EL Sherry, 1 Brötchen vom Vortag,
50 g Mandelstifte, 1 TL getrockneter Majoran, 1/4 l kochendes Wasser
Außerdem: Metall- bzw. Holzspieße oder Küchengarn

Die Gans unter fließendem kaltem Wasser innen und außen gründlich waschen. Mit einem Küchentuch trockenreiben, innen und außen mit Salz, Pfeffer und Paprikapulver würzen.

Für die Füllung 4 Orangen so schälen, dass die weiße Haut mit entfernt wird, und die Filets zwischen den Innenhäuten herauslösen. Mit den Zuckerstückchen die Schale der restlichen Orange abreiben. Die Frucht halbieren, auspressen, den Saft durch ein Haarsieb seihen und mit dem Honig verrühren. Würfelzucker mit Orangenschale und Orangensaft beiseite stellen. Die Äpfel schälen, vom Kerngehäuse befreien und in Achtel schneiden. Die Rosinen mit Sherry beträufeln. Das Brötchen würfeln. Die Hälfte der Orangenfilets mit Apfelstücken, Rosinen, Brotwürfeln, Mandelstiften und Majoran vermengen und die Mischung locker in den Bauchraum der Gans füllen; mit Metall- oder Holzspießchen verschließen oder mit Küchengarn zunähen.

Den Backofen auf 200 °C (Umluft 180 °C) vorheizen. Die Gans rundherum mehrfach mit einer Gabel einstechen, in einen entsprechend großen Bräter setzen und mit dem kochend heißen Wasser begießen. Den Bräter auf der untersten Schiene in den vorgeheizten Ofen schieben. Nach einer Bratzeit von etwa 1 Stunde die Gans wenden, dabei das ausgetretene Fett abschöpfen und 1/8 Liter kochend heißes Wasser zugießen. Nach einer Garzeit von weiteren 1 1/2 Stunden die Gans mit der Hälfte des beiseite gestellten Orangensafts bepinseln und den Grill zuschalten, bis der gewünschte Bräunungsgrad erreicht ist.

Die fertige Gans aus dem Bräter nehmen, mit Alufolie abdecken und 10 Minuten ruhen lassen. Den Bratenfond durch ein Sieb in einen Topf passieren, mit der Fleischbrühe aufgießen und 10 Minuten offen kochen lassen. Restlichen Orangensaft, -schale und -likör einrühren. Alles mit Salz und Pfeffer abschmecken und die Sauce noch kurz ziehen lassen.

Die Gans in 8 Portionsteile schneiden und auf einer Servierplatte anrichten. Die Füllung in eine Schüssel geben, die Sauce mit den restlichen Orangenfilets verrühren, in eine Sauciere gießen und beides separat dazu reichen.

🦪 Dazu passen als klassische Beilagen Rotkohl und Klöße. Da Gänse häufig sehr fett sind, bereitet man sie zur besseren Verdauung gern mit Früchten wie Äpfeln oder Orangen und Gewürzen zu.

Hähnchencurry mit Limetten und Zitronengras

500 g Hähnchenbrustfilets, Saft von 1 Limette, 2 kleine Chilischoten,
1 Stängel Zitronengras, 3 EL Pflanzenöl, 3 EL grüne Currypaste,
1/2 l ungesüßte Kokosmilch (Dosenware), 1/8 l Geflügelbrühe,
8 Kaffir-Limettenblätter, 2 EL thailändische Fischsauce, nach Bedarf
Salz und frisch gemahlener schwarzer Pfeffer, 2 EL gehacktes Koriandergrün

Das Hähnchenbrustfilets in Streifen schneiden und mit Limettensaft beträufeln. Die Chilischoten von Stielansatz, Samen sowie Scheidewänden befreien und längs halbieren. Das Zitronengras putzen und quer halbieren.
In einem Wok oder in einer entsprechend großen Pfanne das Öl erhitzen und darin die Currypaste unter Rühren anbraten. Mit Kokosmilch und Brühe aufgießen und aufkochen. Chilischoten, Kaffir-Limettenblätter und Zitronengrasstängel einrühren und alles bei mittlerer Hitze 5 Minuten offen köcheln lassen.
Die Hähnchenstreifen einrühren und 5–8 Minuten bei geringer Hitze darin ziehen lassen. Mit Fischsauce abschmecken und nach Bedarf mit Salz und Pfeffer würzen. (Vorsicht: die Fischsauce ist sehr salzig!) Limettenblätter und Zitronengras entfernen. Das Curry mit Koriandergrün bestreuen und servieren.

🦪 Ein feuriges Curry mit säuerlich-süßem Nachgeschmack, dessen Zutaten Sie in gut sortierten Asienläden oder in Spezialitätenabteilungen großer Kaufhäuser bekommen.

🦪 Die Schärfe auf der Zunge kann nur mit Kokosmilch, Zucker oder Naturjoghurt besänftigt werden, da der scharfmachende Wirkstoff Capsaicin in den Chilischoten nicht wasserlöslich ist. Darum wirkt Wasser nur vorübergehend lindernd, neutralisiert die Schärfe aber auf Dauer nicht.

Limettenhähnchen mit Oliven

2 küchenfertige Hähnchen (à ca. 1,2 kg),
Salz, frisch gemahlener schwarzer Pfeffer,
1 kleine Chilischote, 2 Zwiebeln, 2 Knoblauchzehen,
150 g schwarze Oliven, je 1/2 Bund frische Minze und Petersilie,
100 ml Olivenöl, 1/4 TL brauner Zucker,
Saft von 2 Limetten

Die Hähnchen in 4 Teile schneiden, waschen und mit Küchenpapier trocken-tupfen. Rundherum mit Salz und Pfeffer würzen. Die Chilischote von Stielansatz, Samen sowie Scheidewänden befreien und fein würfeln. Die Zwiebeln sowie den Knoblauch schälen und in Streifen schneiden. Die Oliven entsteinen und ebenfalls in Streifen schneiden. Die Kräuter waschen, trockentupfen, die Blättchen von den Stielen zupfen und fein hacken.
Chilischote, Zwiebeln, Knoblauch, Oliven, Kräuter, Olivenöl, Zucker sowie Limettensaft verrühren und mit den Hähnchenteilen in einer Schüssel vermengen. Mit Folie abdecken und für 2 Stunden im Kühlschrank ziehen lassen.
Den Backofen auf 220 °C (Umluft 200 °C) vorheizen. Die Hähnchenteile samt der Marinade in eine Auflaufform geben und auf der mittleren Schiene in den Ofen schieben. Während der Garzeit von 50 Minuten einige Male wenden. Das Limet-tenhähnchen aus dem Ofen nehmen und in der Form servieren.

 Dazu passen Folienkartoffeln – nicht zuletzt, um die Hitze im Backofen besser auszunutzen.

Karibisches Ananashähnchen

2 küchenfertige Hähnchen (à ca. 1,2 kg),
Salz, frisch gemahlener schwarzer Pfeffer,
2 Orangen, 1 kleine rote Chilischote,
4 Frühlingszwiebeln, 4 Schalotten, 1/2 Bund Koriandergrün,
200 g Ananasstücke (Dosenware),
Saft von 1 Limette, 1 TL getrockneter Thymian,
1 EL Worcestersauce, 4 EL weißer Rum,
3 EL Pflanzenöl, 1 EL brauner Zucker,
1/4 l Geflügelbrühe, 2 EL Tomatenketchup

Die Hähnchen in 4 Teile schneiden, waschen und mit Küchenpapier trocken-tupfen. Rundherum mit Salz und Pfeffer würzen. Die Orangen so schälen, dass die weiße Haut mit entfernt wird, und die Filets zwischen den Innenhäuten heraus-losen. Die Chilischote von Stielansatz, Samen sowie Scheidewänden befreien und fein würfeln. Die Frühlingszwiebeln putzen und fein hacken. Die Schalotten schä-len und fein würfeln. Den Koriander waschen und trockentupfen, die Blättchen von den Stielen zupfen und fein hacken.
Orangenfilets, Chilischote, Frühlingszwiebeln, Schalotten, Koriander, Ananas-stücke, Limettensaft, Thymian, Worcestersauce und Rum verrühren. Mit den Hähnchenteilen vermengen, mit Folie abdecken und für 1 Stunde in den Kühl-schrank stellen.
Die Hähnchenteile aus der Marinade nehmen und mit Küchenpapier trocken-tupfen. In einer breiten Pfanne mit hohem Rand das Pflanzenöl erhitzen und darin den Zucker schmelzen lassen.
Die Hähnchenteile einlegen, rundherum anbraten und herausnehmen. Den Brat-satz mit der Brühe und dem Ketchup verrühren und erneut aufkochen lassen. Die Hähnchenteile samt Marinade wieder hinzufügen und zugedeckt bei mittlerer Hitze 35–40 Minuten garen.

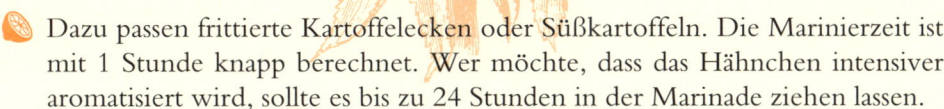 Dazu passen frittierte Kartoffelecken oder Süßkartoffeln. Die Marinierzeit ist mit 1 Stunde knapp berechnet. Wer möchte, dass das Hähnchen intensiver aromatisiert wird, sollte es bis zu 24 Stunden in der Marinade ziehen lassen.

Überbackene Lammkoteletts auf Zitronenbett

4 unbehandelte Zitronen, 2 Knoblauchzehen, 8 EL Olivenöl,
100 g getrocknete, in Olivenöl eingelegte Tomaten, 1/2 Bund frischer Thymian,
2 Scheiben entrindetes Weißbrot, 50 g frisch geriebener Parmesan,
12 kleine Lammkoteletts, Salz, frisch gemahlener schwarzer Pfeffer
Außerdem: Saft von 1/2 Zitrone

Den Backofen auf 200 °C (Umluft 180 °C) vorheizen. Die Zitronen waschen, trockenreiben und in Scheiben schneiden. Den Knoblauch schälen, durch eine Presse drücken und in 5 Esslöffel Olivenöl einrühren.

Den Boden einer großen, flachen Auflaufform mit den Zitronenscheiben auslegen und mit dem Knoblauchöl beträufeln. Die Form in den Ofen schieben und die Zitronenscheiben 15–20 Minuten garen.

Inzwischen die getrockneten Tomaten abtropfen lassen und klein hacken. Den Thymian waschen und trockentupfen, die Blättchen von den Stängeln zupfen und ebenfalls klein hacken. Das Weißbrot grob reiben oder zerbröseln und mit Tomaten, Thymian, Parmesan und 1 Esslöffel Olivenöl vermengen.

Das restliche Olivenöl in einer großen Pfanne erhitzen und darin die Lammkoteletts auf beiden Seiten jeweils 1 Minute anbraten. Mit Salz und Pfeffer würzen und nebeneinander auf die Zitronenscheiben in die Auflaufform legen. Jedes Kotelett mit etwas Tomaten-Thymian-Paste bestreichen.

Die Form in den Backofen schieben und die Koteletts in 10–12 Minuten gratinieren. Herausnehmen, mit Zitronensaft beträufeln und sofort servieren.

Dazu passen kleine, mit Olivenöl, Salz und Pfeffer gebackene Ofenkartoffeln. Besonders gut schmecken diese Kartöffelchen, wenn Sie sie mit einem Schnitt versehen und 1 Lorbeerblatt hineinstecken.

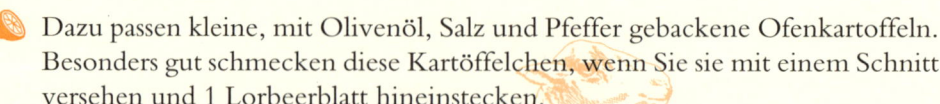

Lamm-Kebab mit Zitronenpilaw

Für die Lamm-Kebabs: 1 Orange, 1 Zitrone, 1 Zwiebel,
1 Knoblauchzehe, 100 ml Olivenöl, 2 Lorbeerblätter,
1/4 TL gemahlener Zimt, 1/2 TL Kreuzkümmel,
1 kräftige Prise Cayennepfeffer, 800 g Lammfilets,
Salz, frisch gemahlener schwarzer Pfeffer,
Für das Pilaw: 100 g Rosinen, Saft von 1 Orange,
2 Knoblauchzehen, 5 EL Olivenöl,
250 g Langkornreis, Salz, frisch gemahlener schwarzer Pfeffer,
1/4 TL Safranfäden, 600 ml Gemüsebrühe, 2 unbehandelte Zitronen
Außerdem: 8 Schaschlikspieße

Für die Lamm-Kebabs die Orange und die Zitrone auspressen. Die Zwiebel und den Knoblauch schälen und fein würfeln. Beides in einem Schälchen mit Orangen- und Zitronensaft, Olivenöl, Lorbeerblättern, Zimt, Kreuzkümmel und Cayennepfeffer verrühren. Die Lammfilets je nach Größe quer halbieren oder dritteln. In eine Schüssel legen, mit der Marinade vermengen und zugedeckt für mindestens 12 Stunden in den Kühlschrank stellen.
Die marinierten Lammfiletstücke in einem Sieb abtropfen lassen, die Marinade auffangen und beiseite stellen, die Fleischstücke auf 8 Schaschlickspieße stecken.
Für das Pilaw in einem Schälchen die Rosinen mit dem Orangensaft übergießen. Den Knoblauch schälen und fein würfeln. In einem Topf das Olivenöl erhitzen und den Knoblauch darin glasig andünsten. Den Reis einstreuen, unter Rühren 1 Minute braten, mit Salz, Pfeffer sowie Safranfäden würzen und mit Brühe aufgießen. Im geschlossenen Topf bei mittlerer Hitze etwa 10 Minuten kochen. Dann den Herd ausschalten. Die Zitronen heiß waschen, trockenreiben, in Viertel schneiden und unter den Reis mengen. Den Deckel wieder auf den Topf setzen und den Reis 20 Minuten quellen lassen.
Die Lamm-Kebabs mit der Marinade bepinseln, in eine heiße beschichtete Pfanne legen und ohne weiteres Fett rundherum in 6–8 Minuten knusprig braten, mit Salz und Pfeffer würzen. Die Zitronenstücke aus dem Reis nehmen und diesen auf 4 Teller verteilen, je 2 Lamm-Kebabs darauf anrichten.

 Die Kebabs schmecken noch ein wenig besser, wenn sie auf dem Holzkohlengrill gegart werden.

Canard à l'orange
Ente in Orangensauce

1 küchenfertige Barbarie-Ente (ca. 1,5 kg),
Salz, frisch gemahlener schwarzer Pfeffer,
4 EL Pflanzenöl, 1/8 l heiße Fleischbrühe,
2 unbehandelte Orangen, 2 Stück Würfelzucker,
50 g Zucker, 2 EL Weißweinessig,
1 TL Speisestärke,
4 cl Cointreau (Orangenlikör)

Den Backofen auf 200 °C (Umluft 180 °C) vorheizen. Die Ente innen und außen unter fließendem kaltem Wasser waschen, mit Küchenpapier trockentupfen, innen und außen salzen und pfeffern. Den Bräter auf den Herd stellen und das Pflanzenöl darin erhitzen. Die Ente darin rundherum anbraten. Auf der unteren Schiene in den vorgeheizten Ofen schieben. Während der Garzeit von etwa 1 Stunde die Ente mehrmals wenden und dabei mit der kochend heißen Brühe begießen.

Inzwischen die Orangen heiß waschen und mit Küchenpapier trockenreiben. Mit einem Zestenreißer von 1 Orange feinste Zesten abziehen. Von der zweiten Orange die Schale mit den Zuckerstückchen abreiben, bis sie sich mit deren Aroma vollgesogen haben. Beide Orangen halbieren, auspressen und den Saft durch ein Haarsieb seihen.

Die gegarte Ente aus dem Bräter nehmen und in Alufolie wickeln. Den Bräter wieder auf den Herd stellen und den Bratensatz mit 1/4 Liter Wasser loskochen. Die Sauce durch ein Haarsieb passieren. Die Würfelzucker mit der Orangenschale und dem übrigen Zucker in einem Topf bei geringer Hitze unter Rühren schmelzen lassen und mit Orangensaft sowie Essig ablöschen. Mit dem passierte Bratenfond aufgießen. Die Speisestärke mit 2 Esslöffeln Wasser glatt rühren und in die kochende Sauce rühren. Nochmals abschmecken und mit Orangenlikör und Orangenzesten abrunden.

Die Ente aus der Folie nehmen, den ausgetretenen Bratensaft in die Sauce gießen und das Fleisch in 4 Teile schneiden. Auf vorgewärmten Tellern anrichten und die Sauce rundherum träufeln.

Als Garnitur frisch geschnittene Orangenscheiben mit Preiselbeeren oder Orangenmarmelade belegen.

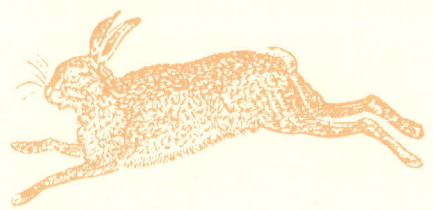

Hasenfilets auf Orangen-Fenchel

*1 Fenchelknolle, 250 g Möhren, 1 kleine Zwiebel,
2 Orangen, 50 g Butter, 1 Prise Zucker,
Salz, frisch gemahlener schwarzer Pfeffer, 1/4 l Gemüsebrühe,
100 g Kräuter-Crème-fraîche, 1 kleine Chilischote, 1 EL Honig,
4 EL Olivenöl, 500 g Hasenfilets
Außerdem: Nach Belieben Orangenmarmelade für die Garnitur*

Die Fenchelknolle putzen, das Fenchelgrün waschen, trockentupfen, fein hacken und beiseite legen. Die Knolle vierteln, vom Strunk befreien und quer in Streifen schneiden. Die Möhren putzen, je nach Größe der Länge nach vierteln oder halbieren und quer in grobe Stücke schneiden. Die Zwiebel schälen und fein würfeln. Die Orangen so schälen, dass die weiße Haut mit entfernt wird, und die Filets zwischen den Innenhäuten herauslösen.

Die Butter in einem Topf erhitzen, den Zucker darin schmelzen und das vorbereitete Gemüse einrühren. Alles mit Salz und Pfeffer würzen, mit Brühe aufgießen und bei mittlerer Hitze 10 Minuten dünsten. Kurz vor dem Servieren die Kräuter-Crème-fraîche und die Orangenfilets unterrühren.

Die Chilischote von Stielansatz, Samen sowie Scheidewänden befreien und fein würfeln. In einem Schälchen mit Honig und Olivenöl verrühren und die Hasenfilets mit der Mischung bestreichen. Das Fleisch in einer heißen, beschichteten Pfanne rundherum 5–7 Minuten braten. Herausnehmen, mit Salz und Pfeffer würzen und 5 Minuten in Alufolie eingewickelt ruhen lassen.

Den Orangen-Fenchel breitflächig auf 4 vorgewärmte Teller verteilen. Die Hasenfilets aus der Folie nehmen, schräg in dünne Scheiben schneiden, auf dem Gemüse anrichten und mit dem ausgetretenen Bratensaft aus der Folie beträufeln. Nach Belieben mit Orangenmarmelade garnieren.

 Als Beilage dazu passen Spaghettini mit Zitronensauce (siehe Rezept S. 31).

Riesengarnelen mit Mandarinen-Papaya-Sauce

8 geschälte Riesengarnelen,
Saft von 1 Limette, 2 Spritzer Tabasco,
1/2 TL Worcestersauce,
Salz, frisch gemahlener schwarzer Pfeffer,
1 Zwiebel, 1 Knoblauchzehe, 1 reife, süße Papaya,
4 Mandarinen, 2 EL Butter, 1 EL Honig,
1 Prise Cayennepfeffer, 1/4 TL gemahlene Kurkuma,
1 Spritzer Sherryessig, 8 Scheiben Frühstücksspeck
Außerdem: Zahnstocher

Die Garnelen unter fließendem kaltem Wasser waschen, entlang dem Rücken einschneiden und vom Darm befreien. Leicht trockentupfen und in einer Schüssel mit Limettensaft, Tabasco, Worcestersauce, Salz und Pfeffer vermischen.

Zwiebel und Knoblauch schälen und fein würfeln. Die Papaya schälen, entkernen und in kleine Stücke schneiden. 2 Mandarinen halbieren und auspressen. Die beiden anderen sorgfältig schälen und in Segmente teilen. Die Hälfte der Butter in einer Pfanne erhitzen und Zwiebel sowie Knoblauch darin glasig dünsten. Papayastücke, Honig, Cayennepfeffer, Salz und Kurkuma einrühren. Mit Mandarinensaft und Essig ablöschen, weitere 5 Minuten leise köcheln lassen. Die Sauce mit einem Mixstab pürieren und nochmals abschmecken.

Je 1 Riesengarnele in 1 Scheibe Speck wickeln und mit einem Zahnstocher feststecken. Die restliche Butter in einer Pfanne erhitzen und darin die Riesengarnelen rundherum 3–4 Minuten braten. Einen Saucenspiegel auf 4 Teller gießen, je 2 Riesengarnelen darauf setzen. Mit Mandarinensegmenten hübsch garnieren.

Rote Meerbarben auf Mandarinen-Wildreis

4 Filets von Roten Meerbarben (à ca. 150 g),
Saft von 1/2 Limette,
Salz, frisch geschroteter schwarzer Pfeffer,
2 Schalotten, 6 EL Olivenöl, 250 g Wildreis,
1 Msp. Safranfäden, 3/4 l Gemüsebrühe,
4 Mandarinen, 1 EL gehackte Petersilie

Die Fischfilets waschen, trockentupfen und mit Limettensaft beträufeln. Mit Salz und Pfeffer würzen. Die Schalotten schälen und fein würfeln. In einem Topf die Hälfte des Olivenöls erhitzen und die Schalotten darin glasig dünsten. Den Wildreis einstreuen, unter Rühren 1 Minute braten und dabei mit Safranfäden würzen. Mit Brühe aufgießen, aufkochen lassen und den Reis bei geschlossenem Topf und mittlerer Hitze nach Packungsanweisung garen.
Inzwischen die Mandarinen sorgfältig schälen und in Segmente teilen. Sobald der Wildreis gar ist, das restliche Olivenöl in einer Pfanne erhitzen und die Fischfilets darin auf beiden Seiten 5 Minuten dünsten. Den Reis mit Mandarinenfilets und Petersilie locker vermengen, auf Teller verteilen und darauf die Fischfilets anrichten.

 Dieses Rezept eignet sich auch für andere Fischsorten, wie z.B. für Seezunge, Rotbarsch oder Lachs.

DIPS UND SAUCEN

Indischer Spinat mit Zitronenduft

*500 g frischer Blattspinat, Salz, 2 Zitronen,
2 EL Ghee (ersatzweise Butterschmalz), 1 TL schwarze Senfsamen,
1 TL Kreuzkümmelsamen, 1/2 TL Bockshornkleesamen,
250 g Naturjoghurt, 1 Msp. Cayennepfeffer*

Den Blattspinat verlesen, waschen und in kochendem Salzwasser blanchieren. Herausnehmen, mit kaltem Wasser abschrecken, gründlich abtropfen lassen und fein hacken. Die Zitronen so schälen, dass die weiße Haut mit entfernt wird, und die Filets zwischen den Innenhäuten herauslösen. In einer Pfanne das Ghee erhitzen und darin die Senfsamen, Kreuzkümmelsamen und Bockshornkleesamen unter ständigem Rühren rösten. Herausnehmen und in einer Schüssel kurz abkühlen lassen. Joghurt, Zitronenfilets und Spinat locker untermischen, mit Cayennepfeffer und Salz abschmecken. Mit Folie abgedeckt für 1 Stunde in den Kühlschrank stellen. Mit Fladenbrotstücken zum Dippen servieren.

Ghee stammt aus der indischen Küche. Dabei handelt es sich um reines Butterfett bzw. geklärte Butter. Entweder kaufen Sie es fertig in einem Asienladen oder Sie stellen es selbst her: Dazu lässt man Butter ca. 45 Minuten bei geringer Hitze köcheln. Danach sollten sich die gebräunten Bestandteile der Butter am Boden abgesetzt haben. Um die Butter zu klären, wird sie durch ein mit einem Tuch ausgelegtes Haarsieb geseiht. Die geklärte Butter ist 4 Wochen haltbar.

Zitroniges Auberginenmus

2 Auberginen (ca. 500 g), 2 Knoblauchzehen, 1 Schalotte,
1/2 Bund glatte Petersilie, 2 Zitronen, 5 EL Olivenöl,
1 TL Kreuzkümmelsamen, Salz, frisch gemahlener schwarzer Pfeffer
Außerdem: fein gehacktes Fruchtfleisch von 1 Zitrone

Den Backofen auf 200 °C (Umluft 180 °C) vorheizen. Die Auberginen waschen, der Länge nach halbieren, auf der Hautseite mit einer Gabel mehrmals einstechen und mit den Schnittflächen nach unten auf ein Backblech legen. In den vorgeheizten Backofen schieben und in knapp 20 Minuten garen, danach sollte die Haut Blasen werfen und verschrumpelt aussehen. Die Aubergine herausnehmen, leicht abkühlen lassen und schälen.
Inzwischen den Knoblauch und die Schalotte schälen und nicht zu klein schneiden. Die Petersilie waschen, trockentupfen und die Blättchen von den Stängeln zupfen. Die Zitronen auspressen. Das Auberginenfruchtfleisch mit den übrigen vorbereiteten Zutaten im Mixer oder mit dem Pürierstab fein pürieren. Das Mus in eine Schüssel füllen und mit dem gehackten Zitronenfruchtfleisch bestreuen.

 Dieses Auberginenmus ist ein delikater Dip, aber auch eine pikante Beilage zu Grillfleisch, vor allem zu Lamm.

Avocadocreme

1 kleine Chilischote, 2 Fleischtomaten, 5 Stängel Koriandergrün,
2 reife Avocados, Saft von 1 Limette, 200 g saure Sahne,
Salz, frisch gemahlener schwarzer Pfeffer

Die Chilischote von Stielansatz, Samen sowie Scheidewänden befreien und fein würfeln. Die Fleischtomaten blanchieren, häuten, von Stielansatz und Kernen befreien und das Fruchtfleisch ebenfalls klein würfeln. Das Koriandergrün waschen und trockentupfen, die Blättchen von den Stängeln zupfen und fein hacken.
Die Avocados schälen, halbieren, die Kerne herauslösen und das Fruchtfleisch grob klein schneiden. Mit Limettensaft und saurer Sahne im Mixer oder mit dem Pürierstab fein pürieren. Chili- und Tomatenwürfel sowie Koriander unterrühren. Mit Salz und Pfeffer würzen.

Wenn Sie zusätzlich noch feinste Limettenstückchen in die Sauce geben, erhält sie einen noch erfrischenderen Geschmack.

Rotes Bohnenmus mit Limetten

250 g gekochte rote Wachtelbohnen (Dosenware),
1 Zwiebel, 2 Knoblauchzehen, 5 EL Olivenöl, 1 EL Tomatenmark,
Salz, frisch gemahlener schwarzer Pfeffer, 1 TL Zucker,
Saft von 2 Limetten, 1/4 l Gemüsebrühe, 1 EL gehacktes Koriandergrün

Die Bohnen in ein Sieb gießen und abtropfen lassen. Die Zwiebel und den Knoblauch schälen und fein würfeln.
Das Olivenöl in einer Pfanne erhitzen und darin die Zwiebel- und Knoblauchwürfel andünsten. Die Bohnen hinzufügen, alles mit Tomatenmark, Salz, Pfeffer und Zucker verrühren. Mit Limettensaft und Brühe ablöschen und 5 Minuten leise köcheln lassen.
Den Pfanneninhalt im Mixer oder mit dem Pürierstab fein pürieren. In eine Schüssel füllen und mit Koriandergrün bestreuen.

 Dieses außergewöhnliche Bohnenmus schmeckt, dick auf Fladen- oder Weißbrot gestrichen, phänomenal.

Clementinendressing

5 unbehandelte Clementinen, 2 Stück Würfelzucker, 1 Limette,
4 EL Olivenöl, 1 EL Ahornsirup

Die Clementinen waschen, trockenreiben und die Schale mit den Zuckerstückchen abreiben, bis sie mit dem Fruchtaroma vollgesogen sind. Die Clementinen sowie die Limette auspressen und den Saft durch ein Haarsieb seihen. Alle Zutaten locker miteinander verschlagen und bis zum Gebrauch in den Kühlschrank stellen.

 Dieses Dressing schmeckt wunderbar zu grünen Blattsalaten, Tomaten und Avocados. Auch für Fruchtsalate ist es bestens geeignet.

Tahina-Sauce aus Israel

1 Knoblauchzehe, 1 kräftige Prise Salz, 4 Zitronen,
200 g Tahina (Sesampaste, Fertigprodukt)

Den Knoblauch schälen, durch eine Presse drücken und mit Salz bestreuen. Die Zitronen auspressen und den Saft durch ein Sieb seihen. In einem Schälchen mit der Sesampaste und dem Knoblauch cremig rühren. In eine Sauciere füllen, mit Folie verschließen und bis zum Verzehr in den Kühlschrank stellen.

Was wären Falafel (Kichererbsenbällchen) im Fladenbrot ohne Tahina-Sauce? Doch die nussig-süß-säuerliche Sauce schmeckt so gut, dass man sie unbedingt auch einmal zu Grillgerichten oder einfach so zum Dippen servieren sollte.

Hummus-Paste

2 Zitronen, 1 kleine Zwiebel,
2 Knoblauchzehen, 1/2 Bund glatte Petersilie,
1 Dose gekochte Kichererbsen (Abtropfgewicht ca. 260 g),
4 EL Olivenöl, Salz, frisch gemahlener schwarzer Pfeffer,
je 1 kräftige Prise Cayennepfeffer und Chilipulver,
1/2 TL Kreuzkümmelsamen

Die Zitronen auspressen. Die Zwiebel und den Knoblauch schälen und fein würfeln. Die Petersilie waschen, trockentupfen und die Blättchen von den Stängeln zupfen. Die Kichererbsen in ein Sieb gießen, kalt abspülen und abtropfen lassen. Alle Zutaten im Mixer oder mit dem Pürierstab fein pürieren. Die Paste in 4 Portionsschalen füllen und servieren.

Diese würzige Paste mit Fladenbrot und Salat servieren.

Petersilien-Mandel-Sauce

1/2 Bund glatte Petersilie, 2 Knoblauchzehen, Saft von 2 Zitronen,
250 g gemahlene Mandeln, 1 EL Honig, 100 ml Olivenöl,
Salz, frisch gemahlener schwarzer Pfeffer

Die Petersilie waschen und trockentupfen, die Blättchen von den Stängeln zupfen und fein hacken. Den Knoblauch schälen und nicht zu fein würfeln. Alle Zutaten im Mixer oder mit dem Pürierstab fein pürieren. Mit Salz und Pfeffer würzen und in eine Schüssel füllen.

 Unbedingt probieren! Sie können diese Sauce z.B. als Dip für Ihren nächsten Fondueabend verwenden.

Bananensauce mit Mandarinenduft

2 kleine Bananen, Saft von 1 Mandarine, Saft von 1 Limette,
50 g Mango-Chutney (Fertigprodukt), 200 g saure Sahne,
Salz, frisch gemahlener schwarzer Pfeffer, 1 Prise Currypulver,
1/2 TL Zucker, 1 Mandarine

Die Bananen schälen und mit einer Gabel zerdrücken. Mit Mandarinen- und Limettensaft verrühren. Nach und nach alle übrigen Zutaten bis auf die Mandarine unterrühren. Gut abschmecken und in eine Sauciere füllen. Die Mandarine sorgfältig schälen, in Segmente teilen und die Sauce damit garnieren.

 Die Bananensauce passt gut zu gegrilltem Fleisch, Fisch und Gemüse.

DESSERTS UND BACKWERK

Balsamico-Erdbeeren mit Zitronencreme

*500 g kleine Erdbeeren, 2 EL Aceto balsamico, 2 EL Zucker, 250 g Mascarpone,
5 EL Sahne, 1 unbehandelte Limette, 2 EL Puderzucker, 2 EL Limoncello
(italienischer Zitronenlikör), einige frisch gehackte Zitronenmelisseblättchen*

Die Erdbeeren waschen, putzen, mit Küchenpapier trockentupfen und in eine
breite Schale legen. Den Essig mit dem Zucker verrühren und über die Erdbeeren
träufeln. Die Schale mit Folie abdecken und die Früchte bei Zimmertemperatur
etwa 1 Stunde ziehen lassen.

Inzwischen den Mascarpone mit der Sahne glatt rühren. Die Limette heiß waschen,
trockenreiben und die Schale abreiben. Die Frucht auspressen. Schale und Saft mit
Puderzucker sowie Limoncello unter die Sahnecreme rühren. Die marinierten Erdbeeren in 4 tiefe Teller verteilen und jeweils einen Klecks Creme in die Mitte
setzen. Mit gehackter Zitronenmelisse garnieren.

Für das Gelingen dieses außergewöhnlichen Rezepts ist die Qualität der Zutaten besonders wichtig. Im bestmöglichen Fall sollten Sie kleine Walderd-
beeren und alten Aceto balsamico verwenden.

Schnelles Mandarinendessert

*1 Ei, 50 g Zucker, 250 g Quark, 150 g Naturjoghurt,
3 EL Orangenlikör (z.B. Grand Marnier),
150 ml Sahne, 2 große Mandarinen*

In einer Schüssel das Ei mit dem Zucker schaumig rühren. Nach und nach Quark, Joghurt und 1 Esslöffel Orangenlikör einrühren. Die Sahne schlagen und unterheben. Die Mandarinen sorgfältig schälen, in Segmente teilen und diese locker unter die Quarkcreme mischen. Das Dessert in Glasschalen füllen und vor dem Servieren mit dem restlichen Orangenlikör beträufeln.

 Dazu passen Löffelbiskuits, mit denen man das Dessert auch „löffeln" kann.

Aufgeschlagene Orangenlikörcreme

*5 Eigelb, 5 EL Puderzucker, 8 cl Orangenlikör (z.B. Grand Marnier),
Zitronenmelisseblättchen und Löffelbiskuits*

Einen Topf mit Wasser zum Kochen bringen. In einer größenmäßig dazu passenden hitzebeständigen Schüssel die Eigelbe mit dem Puderzucker verrühren. Die Schüssel auf das heiße Wasserbad setzen und die Masse mit einem Schneebesen ständig weiterschlagen. Dabei den Orangenlikör und 1–2 Esslöffel warmes Wasser langsam zugießen. Nach etwa 5–7 Minuten sollte eine luftige Creme entstanden sein. Die Schüssel vom Wasserbad nehmen, die Creme kurz kalt schlagen und sofort in hohe Dessertgläser füllen. Mit Zitronenmelisseblättchen garnieren und zum Auslöffeln Löffelbiskuits dazu servieren.

 In die Dessertsgläser zusätzlich noch einige Orangenfilets und etwas Orangensaft geben und darauf die Orangenlikörcreme verteilen.

Berliner Luft

4 Blatt weiße Gelatine, 4 Eier, 100 g Puderzucker,
Saft und abgeriebene Schale von 1 unbehandelten Zitrone,
6 EL trockener Weißwein, 1 Prise Salz, 150 g Himbeeren

Die Gelatine in kaltem Wasser einweichen. Inzwischen die Eier trennen. In einer Schüssel Eigelbe, Puderzucker, Zitronensaft und -schale mit dem Handrührgerät cremig aufschlagen. Den Weißwein in einem kleinen Topf erhitzen. Die ausgedrückte Gelatine darin unter Rühren auflösen und die Mischung in die Eigelbmasse einrühren. Die Eiweiße mit dem Salz zu steifem Schnee schlagen und vorsichtig unter die Masse heben. Ca. 1 Stunde kalt stellen. Vor dem Servieren die Himbeeren waschen, trockentupfen, putzen und die Creme damit verzieren.

 Die Creme zusätzlich mit Löffelbiskuits garnieren.

Zitronencreme mit Feigen

3 Blatt weiße Gelatine, 4 Eier, 150 g Zucker, 2 Zitronen,
4 frische Feigen, einige frische Korianderblättchen

Die Gelatine in kaltem Wasser einweichen. Inzwischen die Eier trennen. Eigelbe mit dem Zucker in einer Schüssel weißcremig aufschlagen. Die Zitronen auspressen. Die Gelatine tropfnass in der Mikrowelle oder in einem Topf bei geringer Hitze vollständig auflösen. Die Hälfte der Eigelbmischung vorsichtig unter die Gelatine ziehen, den Zitronensaft untermischen und zuletzt die zweite Hälfte der Eigelbmischung unterrühren.
Die Eiweiße steif schlagen und vorsichtig unter die Creme heben. 4 große Portionsförmchen mit kaltem Wasser ausspülen, die Creme darauf verteilen und glatt streichen. Für etwa 3 Stunden in den Kühlschrank stellen.
Kurz vor dem Servieren die Feigen waschen, von den Stielansätzen befreien und jede Frucht in sechs Spalten schneiden. Mit einem spitzen Messer die Creme von den Rändern der Portionsförmchen lösen und mittig auf 4 Teller stürzen. Rundherum mit Feigenspalten und Koriandergrün garnieren.

Eingelegte Grapefruits mit rotem Mascarpone

je 2 rosa und weiße Grapefruits, 150 g Zucker, 1/4 l Rotwein,
2 Blutorangen, 150 g Mascarpone

Zwei rosa Grapefruits und 1 weiße so schälen, dass die weiße Haut mit entfernt wird, die Filets zwischen den Innenhäuten herauslösen und in eine Schüssel legen. Die vierte Grapefruit auspressen. Den Saft mit Zucker und Rotwein in einem Topf verrühren, zum Kochen bringen und bei mittlerer Hitze in 10–15 Minuten sirupartig einkochen lassen. Den Sirup über die Grapefruitfilets gießen, die Schüssel mit Folie abdecken und für etwa 2 Stunden in den Kühlschrank stellen.

Inzwischen 1 Blutorange so schälen, dass die weiße Haut mit entfernt wird, und die Filets zwischen den Innenhäuten herauslösen. Die zweite Blutorange auspressen und den Saft mit dem Mascarpone glatt rühren.

Die eingelegten Grapefruits samt Sirup in Glasschalen verteilen, löffelweise mit dem Mascarpone überziehen und mit Blutorangenfilets garnieren.

Grießpudding mit Zitrus-Fruchtsauce

Für den Grießpudding: 1 l Buttermilch, 100 g Butter,
1 Päckchen Vanillezucker, 100 g Zucker, 100 g Grieß, 3 Eiweiß
Für die Fruchtsauce: 3 Mandarinen, 2 Orangen, 1 EL Butter,
1 EL Zucker, 5 cl Aprikosenlikör

Für den Grießpudding in einem Topf unter ständigem Rühren die Buttermilch mit der Butter und dem Vanillezucker aufkochen. Zucker und Grieß einstreuen und rasch zu einem dicklichen Brei einkochen lassen. Den Topf vom Herd ziehen und den Brei kurz abkühlen lassen. Die Eiweiße zu steifem Schnee schlagen und unter den Grießbrei ziehen. In 4 mit kaltem Wasser ausgespülte Glasschalen füllen und im Kühlschrank kalt stellen.

Inzwischen für die Sauce Mandarinen schälen und in Segmente teilen. Orangen auspressen. In einer Pfanne die Butter erhitzen und darin den Zucker schmelzen. Mit Orangensaft ablöschen, die Mandarinensegmente einlegen und mit Aprikosenlikör parfümieren. Die Fruchtsauce über den Grießbrei gießen und servieren.

Mit 1 Prise Zimt schmeckt es für viele noch besser.

Orangengelee mit Vanillesahne

6 Blatt weiße Gelatine, 6 unbehandelte Orangen, 100 g Zucker
Außerdem: 150 g blaue Weintrauben, 1 Limette, 2 Bananen,
200 ml Sahne, 1 Päckchen Vanillezucker

Die Gelatine in kaltem Wasser einweichen. 1 Orange heiß waschen, trockenreiben und mit einem Zestenreißer feinste Zesten von der Schale abziehen. Alle Orangen auspressen und den Saft durch ein Haarsieb seihen. In einem Topf insgesamt 1/2 Liter Orangensaft (falls nötig, auf diese Menge auffüllen) mit dem Zucker erhitzen. Die Gelatine ausdrücken und unter Rühren im Orangensaft auflösen. 4 Portionsschalen mit kaltem Wasser ausspülen und den warmen Orangensaft hineingießen. In etwa 5 Stunden im Kühlschrank fest werden lassen.
Kurz vor dem Servieren die Weintrauben waschen und entstielen. Die Limette so schälen, dass die weiße Haut mit entfernt wird, und die Filets zwischen den Innenhäuten herauslösen. Die Bananen schälen, in Scheiben schneiden und mit den Weintrauben und den Limettenfilets locker vermengen. Die Sahne mit Vanillezucker steif schlagen.
Mit einem spitzen Messer das Gelee von den Rändern der Portionsförmchen lösen und mittig auf 4 Teller stürzen. Rundherum die Früchte anrichten und jede Portion mit einem dicken Klecks Vanillesahne garnieren.

 Das Dessert ist auch sehr lecker, wenn es nur mit Mandarinen und Grapefruit oder mit Grapefruit und Orangen zubereitet wird. Es bietet z.B. einen „erholsamen" Abschluss für ein kalorienreiches Menü.

Geeiste Clementinen

4 große unbehandelte Clementinen,
1 EL Aprikosenmarmelade, 50 g Zucker
Für das Sorbet: 50 g Zucker,
Saft von 1/2 Limette oder Zitrone,
3 cl Orangenlikör (z.B. Cointreau), 200 ml Sahne,
1/2 Päckchen Vanillezucker

Die Clementinen heiß waschen, mit Küchenpapier trockenreiben und jeweils einen Deckel abschneiden. Mit Hilfe eines kleinen, scharfen Messers oder eines Grapefruitlöffels (mit Schneidezacken an den Löffelrändern) das Fruchtfleisch vorsichtig herauslösen und beiseite legen. Die Aprikosenmarmelade mit 2 Esslöffeln heißem Wasser glatt rühren. Die Schalen der ausgehöhlten Clementinen von außen rundherum damit einstreichen. Den Zucker auf einen flachen Teller schütten und die Clementinen darin wälzen. Bis zum Gebrauch in den Gefrierschrank stellen.
Inzwischen für das Sorbet den Zucker mit 3 Esslöffeln Wasser in einem Topf aufkochen, den Topf vom Herd ziehen und die Zuckerlösung erkalten lassen. Das ausgelöste Clementinenfleisch auspressen, den Saft durch ein Haarsieb seihen und mit Limetten- oder Zitronensaft und Orangenlikör unter die Zuckerlösung rühren. Die Sahne mit dem Vanillezucker steif schlagen und untermischen.
Die geeisten Clementinen aus dem Gefrierfach nehmen und mit dem Sorbet füllen. Nochmals für 30 Minuten ohne Deckel zurück in den Gefrierschrank stellen. Dann wieder herausnehmen, die Deckel aufsetzen und erneut für mindestens 2 Stunden gefrieren lassen.

 Zum Servieren Glas- oder Sektschalen wählen, damit die Clementinen einen besseren Stand haben. Die geeisten Früchte vor dem Verzehr etwa 10 Minuten antauen lassen und mit Zitronenmelisseblättchen garnieren.

Blutorangen-Parfait

2 Eigelb, Saft von 1/2 Blutorange, 120 g Zucker,
300 ml Sahne, 1 Päckchen Sahnesteif,
2 Blutorangen, 1 EL Zitronenmelissestreifen,
1 EL gehackte Pistazien

Mit einem elektrischen Handrührgerät die Eigelbe mit Orangensaft und Zucker schaumig aufschlagen. Die Sahne mit Sahnesteif steif schlagen und unter die Creme heben. In eine mit kaltem Wasser ausgespülte passende rechteckige Form füllen und glatt streichen. Mit Folie verschließen und die Creme im Gefrierschrank in mindestens 3 Stunden gefrieren lassen.

Das Parfait etwa 20 Minuten vor dem Servieren bei Zimmertemperatur antauen lassen. Inzwischen die Blutorangen so schälen, dass die weiße Haut mit entfernt wird, und die Filets zwischen den Innenhäuten herauslösen.

Das Parfait stürzen, in Scheiben schneiden und auf 4 Desserttellern anrichten. Mit Orangenfilets garnieren und mit Zitronenmelissestreifen sowie Pistazien bestreuen.

 Dieses Parfait kann auch mit anderen Zitrusfrüchten wie Mandarinen, Zitronen, Limetten oder Grapefruits zubereitet werden.

Grapefruit-Quark-Eis

1 Grapefruit, 200 g Sahnequark, 2 EL Zucker, 2 EL Ahornsirup,
100 g Crème fraîche, 200 ml Sahne
Außerdem: Filets von 1 rosa Grapefruit

Die Grapefruit auspressen und den Saft durch ein Haarsieb seihen. In einer Schüssel mit Quark, Zucker, Ahornsirup und Crème fraîche verrühren. Die Sahne steif schlagen und unterheben.
Nun das Quarkeis entweder in der Eismaschine zubereiten oder, falls ein solches Gerät nicht vorhanden ist, folgendermaßen fortfahren: 2 zusätzliche Grapefruits halbieren, aushöhlen und das Quarkeis in die Hälften füllen. In den Gefrierschrank stellen und mindestens 2 Stunden gefrieren lassen. Das fertige Sorbet zum Servieren 10 Minuten antauen lassen und mit Grapefruitfilets dekorieren.

 Dazu passen Krokantsplitter, Eiswaffeln und ein Gläschen Orangenlikör.

Crêpes Suzette

150 g Mehl, 50 g Puderzucker, 1 Ei, 2 Eigelb,
abgeriebene Schale von 1/2 unbehandelten Zitrone,
150 ml Milch, 100 ml Sahne, 80–100 g Butter,
2 unbehandelte Orangen, 2 unbehandelte Zitronen,
12 Stück Würfelzucker, 50 g Zucker,
6 cl Orangenlikör (z.B. Grand Marnier), 6 cl Weinbrand
Außerdem: Puderzucker für die Garnitur

Mit einem elektrischen Handrührgerät Mehl, Puderzucker, Ei, Eigelbe, Zitronen-schale, Milch und Sahne zu einem flüssigen Teig aufschlagen und etwa 15 Minu-ten quellen lassen. In einer breiten Pfanne portionsweise wenig Butter erhitzen und darin dünne, goldgelbe Crêpes backen. Diese auf einem Teller stapeln und mit Alu-folie abdecken.
Orangen und Zitronen heiß waschen und mit Küchenpapier trockenreiben. Die Zuckerstücke an den Früchten abreiben, bis sie sich mit dem Fruchtaroma voll-gesogen haben. Die Früchte auspressen und den Saft durch ein Haarsieb seihen.

In einer hohen Pfanne oder einem Wok 1 Esslöffel Butter erhitzen und darin die Zuckerwürfel sowie den Zucker unter Rühren schmelzen lassen. Zitrussaft und Orangenlikör unterrühren. Die Crêpes zusammenklappen oder -rollen und in die Flüssigkeit einlegen. Den Weinbrand in eine Kelle gießen, über einem brennenden Feuerzeug oder einer Gasflamme erwärmen, anzünden und über die Crêpes gießen. Auf 4 Teller verteilen und mit Puderzucker bestäuben.

 Sie können die Crêpes selbstverständlich auch bei Tisch in einem speziellen Crêpesgerät zubereiten. Das kommt bei Gästen immer gut an.

Schokoladenfondue mit Früchten

Für das Fondue: 200 g Vollmilchschokolade, 100 ml Sahne
Zum Dippen: 200 g Erdbeeren, 2 Orangen,
1 süße rosa Grapefruit, 2 Mandarinen,
1 Babyananas, 2 Bananen
Außerdem: 4 Fonduegabeln

Die Erdbeeren waschen und putzen. Orangen und Grapefruit so schälen, dass die weiße Haut mit entfernt wird, und die Filets zwischen den Innenhäuten herauslösen. Die Mandarine sorgfältig schälen und in Segmente teilen. Die Babyananas schälen, halbieren, den Strunk entfernen und das Fruchtfleisch in mundgerechte Stücke schneiden. Die Bananen schälen und in Scheiben schneiden. Alle Zutaten in Schälchen anrichten und auf den Tisch stellen.
Für das Fondue die Schokolade in kleine Stücke brechen und in einer hitzebeständigen Schüssel mit der Sahne übergießen. Die Schokolade entweder in der Mikrowelle oder über einem heißen Wasserbad schmelzen. Gut mit der Sahne verrühren, in einen Fonduetopf oder in ein Steingutgefäß umfüllen und auf einem Tischrechaud warm halten. Die Fruchtstücke nach Belieben auf Fonduegabeln spießen, in die heiße Schokolade tauchen und genießen.

 Sollten Sie kein entsprechendes Gefäß haben, können Sie die Schokolade auch einfach in Portionsschalen füllen.

Warmer Fruchtsalat in Orangenhälften

*3 große Orangen, 1 kleine Mango, 8 Lychees, 1 Banane,
1 EL Butter, 1 EL Puderzucker, 2 EL Cream Sherry, 50 g gehackte Walnusskerne,
nach Belieben 4 Kugeln Mandarineneis oder Zitronensorbet*

Die Orangen waschen, trockenreiben und halbieren. Die Unterseiten der Hälften zweier Orangen jeweils begradigen, damit sie sicher stehen. Das Fruchtfleisch herausschneiden und fein würfeln. Die dritte Frucht auspressen. Die Mango schälen und um den Kern herum in dünnen Spalten abschneiden. Die Lychees schälen, von den Kernen befreien und in Streifen schneiden. Die Banane schälen und in Scheiben schneiden.
Die Butter in einer Pfanne erhitzen und mit dem Puderzucker verrühren. Mit Orangensaft und Cream Sherry beträufeln. Die vorbereiteten Früchte zugeben, kurz durchschwenken und den Pfanneninhalt in die Orangenhälften füllen. Mit gehackten Walnüssen garnieren und nach Belieben obenauf oder daneben 1 Kugel Mandarineneis oder Zitronensorbet setzen.

 Sie können die Zusammenstellung der Früchte nach der jeweiligen Saison abwandeln. Besonders gut schmecken auch gefüllte rosa Grapefruits.

Französische Orangensoufflés

*Für 4–5 Souffléförmchen
1 unbehandelte Orange, 4 Eier, 50 g Mehl,
300 ml Milch, 1 EL Butter, 100 g Zucker,
3 cl Orangenlikör (z.B. Grand Marnier),
Außerdem: Butter und Zucker für die Förmchen,
Puderzucker zum Bestäuben*

Die Orange waschen, trockenreiben und mit einem Zestenreißer von der Schale feinste Zesten abziehen. Die Frucht halbieren, auspressen und den Saft durch ein Haarsieb seihen. 4 Portionsförmchen mit Butter ausstreichen und mit Zucker ausstreuen. Die Eier trennen. Die Eiweiße zu steifem Schnee schlagen und bis zum Gebrauch in den Kühlschrank stellen.

Das Mehl mit der Milch und der Butter in einem Topf unter ständigem Rühren erhitzen und eindicken lassen. Den Topf vom Herd ziehen und den „Milchbrei" abkühlen lassen.

Den Backofen auf 200 °C (Umluft 180 °C) vorheizen. Die Eigelbe mit Zucker, Orangenlikör, Orangensaft und -zesten verquirlen und unter den abgekühlten Milchbrei rühren. Zuletzt den Eischnee unterheben. Die Masse bis etwa 1 Zentimeter unter den Rand der Förmchen einfüllen. Auf ein Backblech stellen, in den vorgeheizten Ofen schieben und die Soufflés in etwa 15 Minuten goldbraun backen. Herausnehmen, mit Puderzucker bestäuben und sofort servieren.

 Soufflés benehmen sich wie Primadonnen – nicht sie warten auf die Gäste, sondern die Gäste warten auf sie. Denn wer möchte den Zeitpunkt verpassen, an dem sie sich aufblähen? Kurze Zeit später fallen sie schon zusammen.

Orangen-Spritzgebäck

Für den Teig: 200 g weiche Butter, 100 g Zucker,
4 Eigelb, 100 g klein gewürfeltes Rohmarzipan,
Saft von 1/2 Orange, 250 g Mehl
Für die Glasur: 50 g Orangenmarmelade,
200 g dunkle Schokoladenglasur

In einer Schüssel mit einem elektrischen Handrührgerät Butter, Zucker und Eigelbe cremig rühren. Nach und nach die restliche Teigzutaten unterziehen.

Den Backofen auf 200 °C (Umluft 180 °C) vorheizen. Den Teig in einen Spritzbeutel mit Sterntülle füllen und auf ein mit Backpapier ausgelegtes Backblech 5–6 Zentimeter lange Streifen spritzen. Das Backblech in den vorgeheizten Ofen schieben und die Teigstreifen in etwa 12 Minuten goldgelb backen.

Herausnehmen und kurz abkühlen lassen. Je 2 Teigstreifen mit Orangenmarmelade zusammensetzen und anschließend ganz oder nur zur Hälfte mit der geschmolzenen Schokoladenglasur überziehen.

 Sie können die Orangen auch durch Mandarinen oder Limetten ersetzen. Wer keine Schokoladenglasur mag, lässt diese weg und bestäubt das Spritzgebäck nur mit Puderzucker.

Orangenküsschen

Für den Teig: 200 g Mehl, 50 g Speisestärke,
1/2 Päckchen Backpulver, 100 g Zucker, 180 g Butter, 1 Ei,
etwas abgeriebene unbehandelte Zitronenschale
Für den Belag: 150 g gemahlene Mandeln, 80 g Zucker,
Saft und Schale von 1 unbehandelten Orange
Für die Glasur: 100 g Puderzucker, Saft von 1/2 Orange
Außerdem: Mehl zum Ausrollen

Alle Zutaten für den Teig nach und nach in einer Schüssel vermischen und daraus rasch einen glatten Mürbeteig herstellen. Zur Kugel formen, in Folie wickeln und für 1 Stunde in den Kühlschrank stellen.

Den Backofen auf 200 °C (Umluft 180 °C) vorheizen. Den Mürbeteig auf einer bemehlten Arbeitsfläche gut durchkneten und in 2 Portionsstücke teilen. Die Teigstücke nacheinander etwa 4 Millimeter dick ausrollen und daraus Kreisen von etwa 4 Zentimetern Durchmesser ausstechen.

Für den Belag die Mandeln mit Zucker, Orangensaft und -schale gründlich verrühren. Jeden Teigkreis mit ca. 1/4 Teelöffel Mandelmischung belegen und dabei die Teigränder leicht hochziehen. Die Orangenküsschen auf ein mit Backpapier ausgelegtes Backblech legen, in den vorgeheizten Backofen schieben und in 15–20 Minuten goldbraun backen. Kurz auf einem Gitter abkühlen lassen. Inzwischen den Puderzucker mit dem Orangensaft glatt rühren und die Kekse damit bestreichen.

Zitronenkekse mit Pistazien

Für den Teig: 300 g Mehl, 200 g Puderzucker,
Saft und abgeriebene Schale von 1 unbehandelten Zitrone,
100 g fein gehacktes Zitronat, 2 Eier, 150 g Butter
Für die Glasur: 250 g Puderzucker,
Saft und abgeriebene Schale von 1 unbehandelten Zitrone
Außerdem: Mehl zum Ausrollen, ca. 100 g Aprikosenmarmelade,
50 g fein gehackte Pistazien

Das Mehl mit dem Puderzucker in einer Schüssel vermischen und eine Mulde hineindrücken. Zitronensaft und -schale, Zitronat, Eier und Butter in Flöckchen darin verrühren und dann alles zu einem glatten Teig verkneten. Zur Kugel formen, in Folie wickeln und für 1 Stunde in den Kühlschrank stellen.
Den Teig auf einer bemehlten Arbeitsfläche gut durchkneten und in 3 Portionen teilen. Die Teigportionen nacheinander etwa 3 Millimeter dick ausrollen und Kekse in beliebigen Formen, z.B. Sterne, Rauten oder Kreise, ausstechen.
Den Backofen auf 200 °C (Umluft 180 °C) vorheizen. Die ausgestochenen Teig-stücke auf ein mit Backpapier ausgelegtes Backblech legen, in den vorgeheizten Ofen schieben und in ca. 10 Minuten goldbraun backen. Herausnehmen und je 2 passende Kekse mit Aprikosenmarmelade zusammenkleben.
Für die Glasur den Puderzucker mit Zitronensaft und -schale glatt rühren und die Kekse damit überziehen. Mit Pistazien bestreuen.

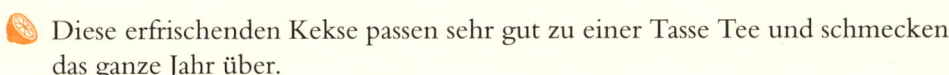 Diese erfrischenden Kekse passen sehr gut zu einer Tasse Tee und schmecken das ganze Jahr über.

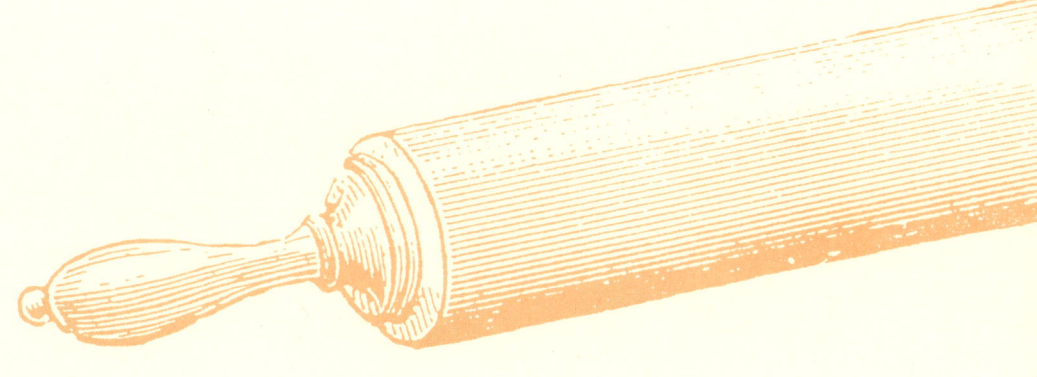

Zitronenkuchen

Für eine Kastenform von ca. 30 Zentimetern
4 Eier, 250 g Puderzucker, 2 EL Rum,
abgeriebene Schale von 1/2 unbehandelten Zitrone, 250 g Butter,
125 g Mehl, 125 g Speisestärke, 1 TL Backpulver, 2 Zitronen
Für die Glasur: 200 g Puderzucker, 4 EL Zitronensaft
Außerdem: Butter für die Form, 1 Holzstäbchen

Den Backofen auf 180 °C (Umluft 160 °C) vorheizen. Die Form einfetten. In einer Schüssel mit dem Handrührgerät Eier und Puderzucker zu einer lockeren, cremigen Masse aufschlagen. Rum und Zitronenschale zugeben. Die Butter in einem Topf zerlassen und lauwarm abkühlen lassen.

Inzwischen Mehl, Speisestärke und Backpulver in einer zweiten Schüssel vermischen und durch ein Haarsieb sieben. Löffelweise Mehlgemisch und Butter vorsichtig unter die Ei-Zucker-Mischung rühren. Den Rührteig in die Form einfüllen und glatt streichen. In den vorgeheizten Backofen schieben und den Kuchen in 1–1 1/4 Stunden goldbraun backen (Stäbchenprobe machen!). Herausnehmen, kurz ruhen lassen, auf ein Kuchengitter stürzen und lauwarm abkühlen lassen.

Den Kuchen mit einem Holzstäbchen in regelmäßigen Abständen einstechen. Die Zitronen auspressen und den Saft durch ein Haarsieb seihen. Löffelweise in die entstandenen Löcher träufeln, um den Kuchen zu tränken.

Für die Glasur den Puderzucker in eine Schüssel sieben und den Zitronensaft nach und nach einrühren. Den Kuchen mit der Glasur überziehen und vor dem Servieren vollständig abkühlen lassen.

Besonders hübsch wird der Kuchen, wenn Sie ihn zusätzlich zur Zitronenglasur noch mit Zitronenzesten verzieren.

Tarte au citron
Zitronentarte

Für eine Tarteform von 30 Zentimetern Durchmesser
Für den Teig: 200 g Mehl, 50 g Zucker, 1 Päckchen Vanillezucker,
abgeriebene Schale von 1 Zitrone, 100 g kalte Butter, 1 Eigelb
Für den Belag: 2–3 unbehandelte Zitronen, 4 Eier, 1 Eigelb,
200 g Zucker, 1/4 l Sahne, 1 EL Puderzucker
Außerdem: Butter für die Form, getrocknete Erbsen zum Blindbacken,
Puderzucker zum Besieben

Für den Teig Mehl, Zucker, Vanillezucker und Zitronenschale auf einer Arbeits-
fläche vermischen. Butter in Stückchen schneiden und mit dem Eigelb dazugeben.
Die Zutaten rasch zu einem glatten Teig verkneten. Zur Kugel formen, in Folie
wickeln und 30 Minuten im Kühlschrank ruhen lassen.
Den Backofen auf 180 °C (Umluft 160 °C) vorheizen. Den Teig passend für die
gefettete Form ausrollen und den Boden damit auslegen. Einen 2 Zentimeter hohen
Rand hochziehen. Den Boden mehrfach mit einer Gabel einstechen. Ein passendes
Stück Back- oder Pergamentpapier ausschneiden und auf den Teig legen. So viel
Erbsen einfüllen, dass der Boden gut bedeckt ist. Die Form in den vorgeheizten
Backofen schieben und den Teig 10 Minuten blindbacken. Herausnehmen, Erbsen
und Papier entfernen. Die Temperatur des Backofens auf 150 °C (Umluft 130 °C)
herunterschalten.
Inzwischen für den Belag die Zitronen heiß abwaschen, gut abtrocknen und die
Schalen abreiben. Den Saft auspressen. In einer Schüssel Eier, Eigelb und Zucker
schaumig schlagen. Zitronenschale und -saft unterrühren. Die Sahne steif schlagen
und vorsichtig unterheben. Die Creme auf den vorgebackenen Teig gießen und
glatt streichen. Die Tarte erneut in den Ofen schieben und in ca. 50 Minuten hell-
braun backen, abkühlen lassen. Vor dem Servieren mit Puderzucker besieben.

Glasierter Zitronencremekuchen

Für eine Springform von 26 cm Durchmesser
Für den Boden: 50 g Zucker, 2 EL heißes Wasser,
300 g Mehl, 120 g weiche Butter, 100 g Puderzucker,
1 Ei, abgeriebene Schale von 1 unbehandelten
Zitrone, 1 Prise Salz
Für den Belag: 4 Blatt weiße Gelatine, 200 g Zucker,
150 g Butter, Saft und abgeriebene Schale
von 2 unbehandelten Zitronen, 2 EL heißes Wasser, 3 Eier
Außerdem: Butter für die Form, Mehl zum Bearbeiten,
getrocknete Erbsen zum Blindbacken, 2 EL Zucker

Für den Teig den Zucker mit heißem Wasser, Mehl, Butter, Puderzucker, Ei, Zitronenschale und Salz auf einer Arbeitsplatte gut verkneten. Zu einer Kugel formen, in Folie hüllen und für 30 Minuten in den Kühlschrank stellen.

Die Springform mit Butter einfetten. Den Backofen auf 200 °C (Umluft 180 °C) vorheizen. Den Teig auf einer bemehlten Arbeitsfläche nochmals durchkneten, passend für die Springform ausrollen und den Boden damit auslegen, dabei einen Rand von 3 Zentimetern hochziehen. Den Teig mit einer Gabel mehrmals einstechen, mit passend zugeschnittenem Backpapier auslegen und mit den getrockneten Erbsen ausstreuen. Die Form in den vorgeheizten Ofen schieben und den Boden 25–30 Minuten blindbacken lassen. Herausnehmen, Erbsen und Backpapier entfernen und den Kuchen vollständig abkühlen lassen.

Für den Belag die Gelatine in kaltem Wasser einweichen. Zucker, Butter, Zitronensaft und -schale sowie heißes Wasser in einer hitzebeständigen Schüssel über einem heißen Wasserbad schaumig aufschlagen. Die Gelatine ausdrücken, in die warme Mischung einrühren und darin auflösen. Die Eier unterrühren, die Schüssel vom Wasserbad nehmen und die Creme kalt schlagen.

Die abgekühlte Creme auf dem Teigboden verteilen und glatt streichen. Zum vollständigen Erstarren der Creme den Kuchen für mindestens 2 Stunden in den Kühlschrank stellen. Je 2 Esslöffel Wasser und Zucker in einem Topf zu Sirup einkochen. Abkühlen lassen und den Kuchen damit glasieren.

 Sie können zusätzlich 1 Zitrone schälen, das Fruchtfleisch in kleine Eckchen schneiden, den Kuchen damit verzieren und erst dann die Zuckerlösung darüber träufeln.

Limoncino-Gugelhupf

Für 1 Gugelhupfform
400 g Mehl, 1 Päckchen Backpulver, 400 g weiche Butter,
400 g Zucker, 2 Päckchen Vanillezucker, 8 Eier
Außerdem: Butter und Mehl für die Form, 150 g Zucker,
200 ml Limoncino (italienischer Zitronenlikör),
Puderzucker zum Besieben

Den Backofen auf 200 °C (Umluft 180 °C) vorheizen. Die Gugelhupfform mit Butter einfetten und mit Mehl ausklopfen. Mit einem elektrischen Handrührgerät aus Mehl, Backpulver, Butter, Zucker, Vanillezucker und den Eiern einen Rührteig herstellen. In die Form füllen und glatt streichen. Die Form auf der untersten Schiene in den vorgeheizten Ofen stellen und den Kuchen in 60–65 Minuten goldbraun backen. Herausnehmen, die Ränder mit einem Messer leicht lösen und den Kuchen in der Form auskühlen lassen.
Inzwischen in einem Topf den Zucker mit 1/4 Liter Wasser aufkochen und in etwa 5 Minuten unter Rühren sirupartig einkochen, vom Herd nehmen. Den Sirup leicht abkühlen lassen und mit dem Zitronenlikör verrühren.
Den Gugelhupf in der Form mit dieser Mischung löffelweise tränken und gut durchziehen lassen. Erst dann stürzen und dick mit Puderzucker bestäuben.

 Statt den Gugelhupf zu tränken, schon in den Teig einen Schuss Zitronenlikör geben. Oder unter den Rührteig 100 Gramm Zitronat mischen und den fertigen Kuchen mit Zitronenglasur überziehen.

Multivitaminkuchen

Für 1 Gugelhupfform
200 g weiche Butter, 200 g Zucker, 4 Eier, 1 Päckchen Vanillezucker,
1 Päckchen Backpulver, 1 TL ungesüßtes Kakaopulver,
100 ml Multivitaminsaft, Saft von 1 Orange, 250 g Mehl
Für die Glasur: 200 g Puderzucker, Saft von 1 Limette
Außerdem: Butter und Mehl für die Form

Den Backofen auf 200 °C (Umluft 180 °C) vorheizen. Die Gugelhupfform mit Butter ausfetten und mit Mehl ausklopfen. In einer Schüssel alle angegebenen Teigzutaten nach und nach vermengen und einen glatten Rührteig daraus herstellen. In die Form füllen und glatt streichen.
Die Form in den vorgeheizten Backofen schieben und den Kuchen in etwa 45 Minuten goldbraun backen. Herausnehmen, kurz abkühlen lassen und aus der Form stürzen. Aus Puderzucker und Limettensaft eine glatte Glasur rühren und den Kuchen damit überziehen.

 Diesen besonders leckeren Kuchen darf ich mindestens einmal im Monat für meinen Sohn Philipp backen – und der ist ein kleiner Genießer.

Frischkäsekuchen mit Limetten

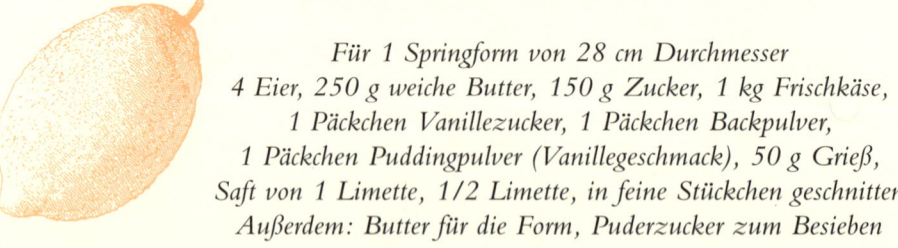

Für 1 Springform von 28 cm Durchmesser
4 Eier, 250 g weiche Butter, 150 g Zucker, 1 kg Frischkäse,
1 Päckchen Vanillezucker, 1 Päckchen Backpulver,
1 Päckchen Puddingpulver (Vanillegeschmack), 50 g Grieß,
Saft von 1 Limette, 1/2 Limette, in feine Stückchen geschnitten
Außerdem: Butter für die Form, Puderzucker zum Besieben

Den Backofen auf 150 °C (Umluft 130 °C) vorheizen. Die Springform mit Butter einfetten. Die Eier trennen. Mit einem elektrischen Handrührgerät Butter, Zucker und Eigelbe cremig rühren. Nach und nach die restlichen Zutaten unterrühren. Zuletzt die Eiweiße steif schlagen und unterheben. Den Teig in die Form füllen und darin glatt streichen.

Die Form in den vorgeheizten Backofen schieben und den Teig in 55–60 Minuten goldbraun backen. Herausnehmen, abkühlen lassen und den Springformrand entfernen. Den abgekühlten Kuchen mit Puderzucker besieben.

 Dieser Kuchen ist toll für Backmuffel, denn er kommt ohne einen estra Boden aus. Die Limette kann durch Zitronen oder Orangen ersetzt werden.

Orangen-Möhren-Kuchen

Für 1 Springform von 28 cm Durchmesser
12 Scheiben Zwieback, 250 g Möhren, 1 EL Honig,
Saft und abgeriebene Schale von 1 unbehandelten Orange,
Saft von 1/2 Zitrone, 5 Eier, 4 EL heißes Wasser,
200 g Zucker, 250 g gemahlene Haselnüsse
Außerdem: Butter und Mehl für die Form,
Filets von 1 Orange, 200 g Puderzucker

Den Backofen auf 180 °C (Umluft 160 °C) vorheizen. Eine Springform mit Butter einfetten und mit Mehl ausklopfen. Den Zwieback fein reiben. Die Möhren putzen und fein raspeln. In einer Schüssel Zwiebackbrösel und Möhrenraspeln mit Honig, Orangensaft, -schale und Zitronensaft vermengen.
Die Eier trennen. Die Eigelbe mit dem heißen Wasser und dem Zucker cremig schlagen. Haselnüsse und Möhrenmischung unterrühren. Die Eiweiße zu steifem Schnee schlagen und ebenfalls unterziehen.
Den Teig in die Form füllen, in den vorgeheizten Backofen schieben und den Kuchen knapp 60 Minuten backen. Herausnehmen und abkühlen lassen.
Inzwischen die Orange so schälen, dass die weiße Haut mit entfernt wird, und die Filets zwischen den Innenhäuten herauslösen. Gut abtropfen lassen und den aufgefangenen Saft mit Puderzucker glatt rühren. Den Kuchen mit der Glasur überziehen, die Orangenfilets als Garnitur hübsch darauf anordnen und auch diese mit dem Guss überziehen.

 Den Kuchen möglichst gerade eben erst abgekühlt genießen.

MARMELADEN, GELEES UND CHUTNEYS

Orangengelee

10 unbehandelte Orangen (Navel), evtl. Saft von 1 Zitrone, 1 kg Gelierzucker

Die Orangen mit heißem Wasser waschen, trockenreiben, mit einem Zestenreißer längs Zesten von der Schale abziehen und beiseite legen. Die Orangen halbieren und auspressen. 3/4 Liter Saft abmessen – bei Bedarf mit Zitronensaft auffüllen. Den Saft in einen großen Topf gießen. Gelierzucker und Zesten zufügen und mit dem Saft verrühren. Die Mischung erhitzen und 4 Minuten sprudelnd kochen lassen. Dabei ständig rühren (Achtung: die Flüssigkeit schäumt sehr stark!). Das Gelee sofort in heiß ausgespülte, abgetropfte Twist-off-Gläser füllen, diese sofort fest und für einige Minuten auf den Kopf stellen.

 Dieses Orangengelee schmeckt nicht bitter wie englische Orangenmarmelade, sondern süß und fruchtig.

Zitronen-Apfel-Gelee

1/2 l frisch gepresster Zitronensaft, 1/2 l Apfelsaft, 1 kg Gelierzucker Extra, 20 g Gelierpulver (1 Päckchen), einige Stängel frische Zitronenmelisse

Zitronen- und Apfelsaft mit Gelierzucker und -pulver in einer Schüssel verrühren. Mit Folie abdecken und für mindestens 1 Stunde in den Kühlschrank stellen. Inzwischen die Zitronenmelisse waschen und trockentupfen, die Blättchen von den Stängeln zupfen und in Streifen schneiden.
Das Fruchtmischung in einen flachen, breiten Topf umfüllen und zum Kochen bringen. Unter ständigem Rühren 1 Minute sprudelnd kochen lassen. Vom Herd nehmen und die Melissestreifen untermischen. Das Gelee sofort in heiß ausgespülte, abgetropfte Twist-off-Gläser füllen und diese fest verschließen.

Tomaten-Orangen-Marmelade

500 g kleine Strauchtomaten, 2 unbehandelte Orangen,
300 g Gelierzucker, 200 g Zucker, 2 EL eingelegte grüne Pfefferkörner,
4 cl Orangenlikör (z.B. Grand Marnier)

Die Strauchtomaten blanchieren und häuten. Die Orangen waschen und trockenreiben. Von 1 Orangenschale mit einem Zestenreißer hauchdünne Zesten abziehen. Dann die Frucht halbieren und auspressen. Die zweite Orange so schälen, dass die weiße Haut mit entfernt wird, die Filets zwischen den Innenhäuten herauslösen und das Fruchtfleisch in gleich große Stückchen schneiden.
In einem Topf 1/2 Liter Wasser mit Gelierzucker, Zucker und Orangensaft unter Rühren aufkochen lassen. Die Tomaten und die Orangenstückchen einlegen und unter vorsichtigem Rühren 5 Minuten leise köcheln lassen. Auf der Oberfläche auftretenden Schaum mit einer Schaumkelle abschöpfen.
Zuletzt die Pfefferkörner und die Orangenschale unter den Topfinhalt mischen. Den Topf vom Herd nehmen und die Marmelade sofort in heiß ausgespülte, abgetropfte Twist-off-Gläser füllen. Die Schraubdeckel mit Orangenlikör ausschwenken (von Deckel zu Deckel gießen) und die Gläser fest verschließen.

🍊 Diese gemüsig-fruchtige Marmelade schmeckt köstlich auf Weißbrot oder Vollkornbrot.

🍊 Ich gebe fast bei jedem Marmeladen- oder Geleerezept an, dass die Schraubdeckel mit Alkohol ausgeschwenkt werden sollen. Zum einen strömt ein wunderbarer Duft aus, wenn Sie die Einmachgläser öffnen, und zum anderen desinfiziert der Alkohol, was die Haltbarkeit der Marmelade erhöht.

Möhrenmarmelade mit Orangen und Zitronen

*500 g Möhren, 3 unbehandelte Orangen, 3 unbehandelte Zitronen,
500 g Gelierzucker extra, 20 g Gelierpulver (1 Päckchen),
2 EL Orangenlikör (z.B. Grand Marnier)*

Die Möhren putzen und bis auf eine in der Küchenmaschine oder auf einem Hobel
sehr fein reiben. Die restliche Möhre mit einem scharfen Messer in streichholzgroße
Stifte schneiden.
Orangen und Zitronen heiß waschen und fest trockenreiben. Je 1 Orange und
Zitrone spiralförmig so dünn schälen, dass die weiße Haut an der Frucht verbleibt.
Die Schalen passend zu den Möhrenstreifen in Stücke schneiden. Alle Orangen und
Zitronen auspressen.
Die vorbereiteten Zutaten samt dem Orangen- und Zitronensaft dann mit Gelierzucker und -pulver in einem Topf verrühren und zum Kochen bringen. Unter fort-
während Rühren 5 Minuten sprudelnd kochen lassen. Vom Herd nehmen
und sofort in heiß ausgespülte, abgetropfte Twist-off-Gläser füllen. Die Schraubdeckel mit Orangenlikör ausschwenken (von Deckel zu Deckel gießen) und
fest verschließen.

 Auf kernig-nussiges Brot streichen und genießen.

Zitronen-Orangen-Marmelade mit Ingwer

500 g unbehandelte Zitronen, 500 g unbehandelte Orangen,
etwa 4 cm frische Ingwerwurzel, 100 g gemischtes Orangeat und Zitronat,
1 kg Gelierzucker, 20 g Gelierpulver (1 Päckchen), 2 EL Weinbrand

Die Zitronen und Orangen heiß waschen und fest trockenreiben. Mit einem Zestenreißer von den Schalen feinste Zesten abziehen. Alle Früchte schälen und das Fruchtfleisch im Küchenmixer, je nach gewünschter Konsistenz, grob bis fein pürieren. Die Ingwerwurzel schälen und fein reiben.
Alle Zutaten außer dem Weinbrand in einem Topf verrühren und zum Kochen bringen. Unter fortwährendem Rühren 5 Minuten sprudelnd kochen lassen. Vom Herd nehmen und sofort in heiß ausgespülte, abgetropfte Twist-off-Gläser füllen. Die Schraubdeckel mit Weinbrand ausschwenken (von Deckel zu Deckel gießen) und fest verschließen.

 Bei diesem Rezept jubeln Fans englischer Marmelade bestimmt ganz besonders. Sie können die Schraubdeckel selbstverständlich auch mit Gin oder Whiskey ausschwenken.

Grapefruit-Marmelade mit Mandarinen

1 unbehandelte Pomelo, 500 g rosa Grapefruits,
500 g Mandarinen, 1 kg Gelierzucker, 20 g Gelierpulver (1 Päckchen),
2 EL Limoncello (italienischer Zitronenlikör)

Die Pomelo heiß waschen, fest trockenreiben und schälen. Die Schale in kochend heißes Wasser legen und etwa 10 Minuten leise köcheln lassen. Herausnehmen und fein hacken.
Inzwischen 1 Grapefruit so schälen, dass die weiße Haut mit entfernt wird, und die Filets zwischen den Innenhäuten herauslösen. Die Filets in kleinere Stücke schneiden. Die restlichen Zitrusfrüchte auspressen.
Alle vorbereiteten Zutaten samt dem Zitrussaft mit Gelierzucker und Gelierpulver in einem Kochtopf verrühren und unter ständigem Rühren erhitzen, 4–5 Minuten kochen lassen.

Vom Herd nehmen, sofort in heiß ausgespülte, abgetropfte Twist-off-Gläser füllen. Die Schraubdeckel mit Limoncello ausschwenken (von Deckel zu Deckel gießen) und fest verschließen.

Grapefruit-Bananen-Konfitüre mit Walnüssen

500 g rosa Grapefruits, 500 g Bananen,
1 kg Gelierzucker, 20 g Gelierpulver (1 Päckchen),
100 g gehackte Walnusskerne,
2 EL Bananenlikör

Die Hälfte der Grapefruits so schälen, dass die weiße Haut mit entfernt wird. Die Filets zwischen den Innenhäuten herauslösen und in kleine Stücke schneiden. Die restlichen Grapefruits auspressen. Die Bananen schälen, längs vierteln und quer in Stücke schneiden.
Die vorbereiteten Zutaten mit Gelierzucker und Gelierpulver in einem Topf verrühren und zum Kochen bringen. Unter ständigem Rühren 5 Minuten sprudelnd kochen lassen. Vom Herd nehmen, die Walnüsse untermischen und die Konfitüre sofort in heiß ausgespülte, abgetropfte Twist-off-Gläser füllen. Die Schraubdeckel mit Bananenlikör ausschwenken (von Deckel zu Deckel gießen) und fest verschließen.

Ananas-Grapefruit-Konfitüre mit Rumrosinen

100 g Rosinen, 2 EL weißer Rum (z.B. Bacardi), 500 g Ananasfruchtfleisch,
500 g rosa Grapefruits, 1 kg Gelierzucker

In einer Schale die Rosinen mit Rum beträufeln. Das Ananasfruchtfleisch sehr klein schneiden. Die Grapefruits so schälen, dass die weiße Haut mit entfernt wird, die Filets zwischen den Innenhäuten herauslösen und das Fruchtfleisch fein hacken. Rum-Rosinen und vorbereitete Früchte in einer Schüssel vermischen, mit Folie abdecken und für 1 Stunde in den Kühlschrank stellen.
Die Fruchtmischung mit dem Gelierzucker in einem Topf verrühren und zum Kochen bringen. Unter ständigem Rühren etwa 4 Minuten sprudelnd kochen lassen. Vom Herd nehmen, sofort in heiß ausgespülte, abgetropfte Twist-off-Gläser füllen und diese fest verschließen.

 Diese Konfitüre unbedingt auf einem Stückchen Sandkuchen probieren.

Arabisches Zitronen-Chutney

1 große Zwiebel, 2 kleine rote Chilischoten,
5 große unbehandelte Zitronen, 3 EL Pflanzenöl,
100 g brauner Zucker, 1/8 l trockener Weißwein, 1 Prise Salz,
1 TL zerdrückte Pfefferkörner, 1/4 TL Kreuzkümmel

Die Zwiebel schälen und fein hacken. Die Chilischoten von Stielansatz, Samen sowie Scheidewänden befreien und fein würfeln. Die Zitronen waschen, trockenreiben, mit einem Zestenreißer Zesten von den Schalen abziehen und fein hacken. Die weiße Haut der Zitronen entfernen, das Fruchtfleisch in kleine Stücke schneiden und ggf. entkernen.

Das Pflanzenöl in einem Topf erhitzen und darin die Zwiebel- und Chiliwürfel glasig dünsten. Zitronenschale und -fruchtfleisch, Zucker und Weißwein einrühren. Mit Salz, Pfeffer und Kreuzkümmel würzen.
Das Chutney bei mittlerer Hitze und unter ständigem Rühren etwa 15 Minuten leise köcheln lassen. In ein Glas oder eine Schüssel umfüllen, abkühlen lassen und dann zugedeckt in den Kühlschrank stellen.

 Dieses süß-säuerliche, pikante Chutney schmeckt hervorragend zu Grillgerichten. Es hält sich gut 1 Woche im Kühlschrank.

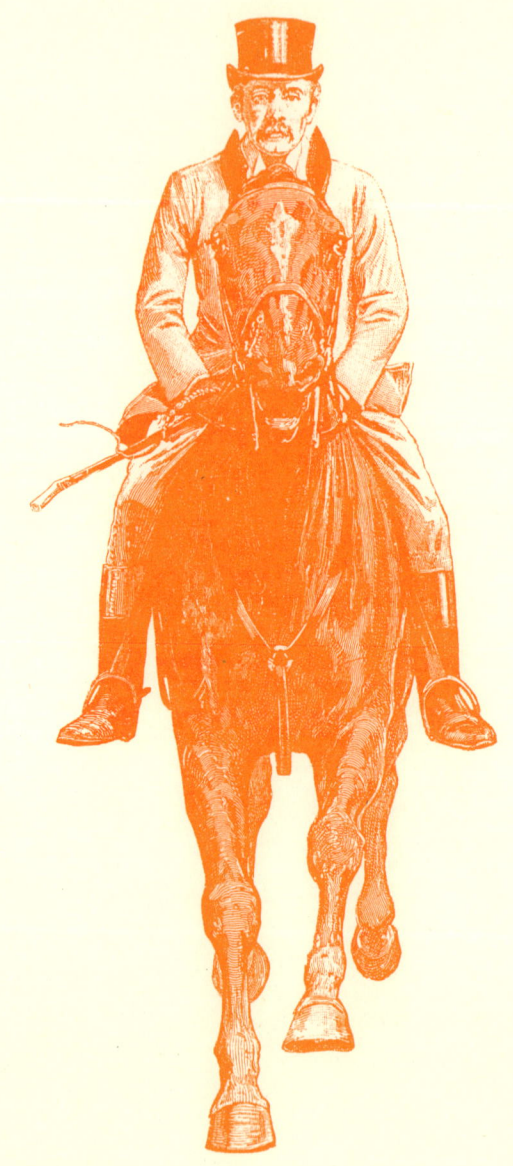

GETRÄNKE

Caipirinha aus Brasilien

Für 1 Tumbler (Whiskeyglas)
1 unbehandelte Limette, 1 TL brauner Rohrzucker,
5 cl Cachaça (brasilianischer Zuckerrohr-Branntwein),
4 EL zerstoßene Eiswürfel

Die Limette waschen, trockenreiben und mit der Schale in grobe Stücke schneiden. In das Glas geben, mit Zucker bestreuen und mit einem Holzlöffel zer- und ausdrücken. Mit Cachaça und zerstoßenem Eis auffüllen und umrühren.

Margarita aus Mexiko

Für 1 Cocktailglas
Saft von 1/2 Zitrone, 4 cl Tequila,
2 cl Orangenlikör (z.B. Cointreau), 2 Eiswürfel
Für die Garnitur:
Saft von 1 1/2 Zitronen, 1 EL Salz

Für die Garnitur den Zitronensaft in einen Teller gießen und auf einen zweiten Teller das Salz rieseln lassen. Den Glasrand des Cocktailglases zuerst in Zitronensaft tauchen und anschließend in Salz drehen. Das Glas kurz in den Gefrierschrank stellen, damit der Überzug nicht herunterläuft.
Zitronensaft, Tequila, Orangenlikör und Eiswürfel in einen Cocktail-Shaker geben und kräftig durchschütteln. In das Glas gießen und sofort servieren.

Ersetzen Sie die Zitronen auch einmal durch Limetten – das Geschmackserlebnis entspricht dann zwar nicht dem Originalrezept, aber es ist „spritzig-interessant".

Tequila Sunrise aus Mexiko

Für 1 Longdrinkglas
2 cl Tequila, 120 ml Orangensaft, 5 Eiswürfel, 1 cl Grenadinesirup
Außerdem: Ananasstückchen und frische Minzeblättchen

Tequila, Orangensaft und Eiswürfel in einen Cocktail-Shaker füllen und gut durchschütteln. Den Grenadinesirup in das Glas träufeln und den Cocktail durch ein Bar-
oder Haarsieb dazugießen. Mit Ananas und Minze garnieren.

Pisco Sour aus Chile

Für 4 Schnapsgläser à 4 cl
1 EL Zucker, Saft von 1 1/2 Zitronen, 4 cl Pisco (chilenischer Weinbrand,
ersatzweise europäischer), 3 Eiswürfel
Für die Garnitur: Saft von 1/2 Zitrone, 2 EL Zucker

Für die Garnitur den Zitronensaft in einen Teller gießen und auf einen zweiten
Teller den Zucker rieseln lassen. Jedes Schnapsglas zuerst in Zitronensaft tauchen,
dann in dem Zucker drehen und die Gläser zum Anfrieren 30 Minuten in den Gefrierschrank stellen.
Zucker, Zitronensaft, Pisco und Eiswürfel in den Cocktail-Shaker füllen und
kräftig schütteln. Die Gläser aus dem Gefrierschrank nehmen und den Pisco durch
ein Bar- oder Haarsieb einfüllen.

Blue Ocean exotic

Für 1 Longdrinkglas
1 unbehandelte Grapefruit, 4 cl Tequila, 2 cl Blue Curaçao,
2 cl Maracujasirup, 4 Eiswürfel, eiskaltes Sprite zum Auffüllen

Die Grapefruit waschen und halbieren. Für die Garnitur 1 Scheibe abschneiden und beiseite legen. Die Hälften auspressen und den Saft durch ein ein Bar- oder Haarsieb seihen. Mit Tequila, Blue Curaçao, Maracujasirup und Eiswürfeln im Cocktail-Shaker mixen. In ein Longdrinkglas gießen und mit Sprite auffüllen. Die Grapefruitscheibe zur Hälfte einschneiden und auf den Rand des Glases stecken.

Gin Fizz

Für 1 Tumbler (Whiskeyglas)
4 Eiswürfel, 6 cl Gin, Saft von 1/2 Zitrone, 1 EL Zuckersirup,
etwa 150 ml kaltes Sodawasser
Für die Garnitur: 1 Zitronenscheibe

Eiswürfel, Gin, Zitronensaft und Sirup im Cocktail-Shaker so lange schütteln, bis die Eiswürfel gut „gecrasht" sind. Alles in ein Glas gießen und mit dem Sodawasser auffüllen. Die Zitronenscheibe einschneiden und auf den Rand des Glases stecken.

Grapefruit Fizz

Für 1 Longdrinkglas
Saft von 1 rosa Grapefruit, Saft von 1 Mandarine, Saft von 1 Limette,
5 cl weißer Rum, 3 cl Zuckersirup, 3 EL zerstoßenes Eis
Für die Garnitur: 2 Scheiben rosa Grapefruit

Grapefruit-, Mandarinen- und Limettensaft durch ein Bar- oder Haarsieb seihen. Alle Zutaten im Cocktail-Shaker mixen und in das Glas gießen. Die Grapefruitscheiben zur Hälfte einschneiden und auf den Rand des Glases stecken.

Siam aus Thailand

Für 1 Longdrinkglas
1/2 Banane, Saft von 1/2 Limette, Saft von 2–3 Orangen,
2–3 cl Kokos-Sirup, 2 EL zerstoßenes Eis
Für die Garnitur: 2 Physalis

Die Banane schälen, grob zerschneiden und zusammen mit den übrigen Zutaten im Mixer glatt pürieren. In das Glas gießen und mit den Physalis garnieren.

Orangiger Fruchtpunsch

Für 1 Bowlengefäß von ca. 3 l
1/2 l Schwarzer Tee, 1/2 l Früchtetee, 1/2 l Rotwein,
1/4 l Multivitaminsaft, 200 g Zucker, 1 Zimtstange,
2 Gewürznelken, 2 Anissterne, 1 Bourbon-Vanillestange,
je 2 unbehandelte Orangen und Zitronen

In einem breiten Topf die beiden Tees, Rotwein, Multivitaminsaft und Zucker gründlich verrühren. Zimt, Nelken, Anis und die längs aufgeschlitzte Vanillestange einlegen und die Mischung langsam erhitzen.
Inzwischen die Orangen und Zitronen heiß abwaschen und mit einem Tuch fest abtrocknen. Die Schalen fein abreiben und in den Topf rühren. Die Früchte halbieren, auspressen und den Saft durch ein Haarsieb in den Kochtopf gießen. Den Punsch nach dem ersten Aufkochen vom Herd nehmen und weitere 5 Minuten ziehen lassen. Die Gewürze entfernen und den Punsch abschmecken.

Der Punsch kann auch mit Mandarinensaft variiert werden. Wenn Kinder mittrinken, den Rotwein durch die gleiche Menge Früchtetee ersetzen.

Planter's Punch

Für 1 Longdrinkglas
4 cl weißer Rum, 4 cl brauner Rum,
Saft von 1 Orange,
Saft von 1/4 Zitrone, 4 EL Ananassaft,
2 cl Grenadine, 12 Eiswürfel
Für die Garnitur: 1 Ananasscheibe,
2 Cocktailkirschen,
1 Holzspießchen

Alle Zutaten bis auf 4 Eiswürfel im Cocktail-Shaker kräftig durchschütteln. Die restlichen Eiswürfel in ein Longdrinkglas füllen und den Drink durch ein Bar- oder Haarsieb darauf gießen. Die Ananasscheibe einschneiden und auf den Glasrand stecken. Die Cocktailkirschen auf das Holzspießchen stecken und mit dem Drink servieren.

Nostalgiebowle „Kalte Ente"

Für 1 Bowlengefäß von ca. 3 l
1 unbehandelte Zitrone, 10 Eiswürfel,
1,5 l gekühlter, lieblicher deutscher Weißwein
aus dem Moselgebiet,
1 Flasche eisgekühlter Sekt

Die Zitrone waschen, fest trockenreiben und mit einem scharfen Messer die Schale, spiralförmig so abschneiden, dass die weiße Innenhaut an der Frucht verbleibt. Etwa 30 Minuten vor dem Servieren die Eiswürfel auf den Boden des Bowlengefäßes geben, die Zitronenschale darüber legen und mit Weißwein übergießen; ruhen lassen. Zuletzt mit Sekt aufgießen, die Zitronenspirale entfernen und die Bowle in Gläser füllen.

So wird die Bowle klassisch zubereitet. Heute, in unseren „trockenen Weißwein-Zeiten", kann man sie selbstverständlich auch mit Weißburgunder, Edelzwicker oder Grünem Veltliner und einem Prosecco zubereiten.

Heiße Sangria

Für 4 hitzebeständige Henkelgläser
3/4 l spanischer Rotwein, 1 TL Zucker, 1 unbehandelte Orange,
1 unbehandelte Zitrone, 1 Zimtstange
Für die Garnitur: 1 Mandarine, 1 Banane

Den Rotwein mit dem Zucker in einem Topf verrühren und aufkochen. Inzwischen die Orange und die Zitrone waschen, fest trockenreiben und mit einem scharfem Messer spiralförmig so schälen, dass die weiße Haut an den Früchten verbleibt. Orange und Zitrone in Scheiben schneiden, mit der Zimtstange in den Rotwein einlegen und alles bei geringer Hitze 5 Minuten ziehen lassen.
Für die Garnitur die Mandarine und die Banane schälen, beides klein schneiden und auf die Gläser verteilen. Mit heißer Sangria übergießen, die Zimtstange entfernen, die Zitrusspiralen als Garnitur mitservieren.

Winter-Vitamindrink

Für 4 Gläser
2 rosa Grapefruits, 1 Banane, ca. 300 g aufgetaute TK-Himbeeren,
250 ml Buttermilch

Die Grapefruits sowie die Banane schälen und in kleine Stücke schneiden. Alle Zutaten im Küchenmixer pürieren und in 4 Gläser füllen.

Eiskalter Zitrusmix

Für 4 Longdrinkgläser
4 rosa Grapefruit, 4 Mandarinen, 1 Zitrone, 2 Orangen
Für die Garnitur: 2 EL Zucker, 1/2 Zitrone,
etwa 16 Eiswürfel, 1 EL Honig

Den Zucker für die Garnitur auf einen Teller rieseln lassen. Die Ränder der Gläser mit der Zitronenhälfte einreiben, in dem Zucker drehen und die Gläser für 15 Minuten in den Gefrierschrank stellen.

Inzwischen die Zitrusfrüchte auspressen. Die Gläser aus dem Gefrierschrank nehmen, in jedes Glas 4 Eiswürfel geben und darauf einen Klecks Honig setzen. Die Zitrussäfte durch ein Bar- oder Haarsieb darüber gießen.

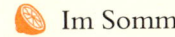 Zusätzlich mit frischen Früchten oder Zitronenmelisseblättchen garnieren.

Limetten-Tomaten-Saft

Für 4 Longdrinkgläser
Saft von 2 Limetten, 3/4 l Tomatensaft, 2 EL Tomatenketchup,
10 Eiswürfel, Salz, frisch gemahlener schwarzer Pfeffer
Zum Servieren: 4 Cocktailtomaten, 4 Orangenschnitze,
4 Cocktailspießchen (oder Schaschlikspieße aus Holz)

Limetten- und Tomatensaft mit Tomatenketchup und Eiswürfeln im Küchenmixer kräftig aufmixen. Mit Salz und Pfeffer würzen und in 4 Gläser gießen. Jeweils 1 Cocktailtomate und 1 Orangenschnitz auf jedes Cocktailspießchen stecken und die Gläser damit garnieren.

Rote Kinderüberraschung

Für 2 Longdrinkgläser
500 g Wassermelonenfleisch, Saft von 1 Limette,
brauner Zucker nach Geschmack, Eiswürfel nach Bedarf

Das Melonenfruchtfleisch von den Kernen befreien und klein schneiden. Mit Limettensaft, Zucker und ca. 5 Eiswürfeln im Mixer fein pürieren. In Sektschalen füllen und mit Eislöffeln servieren.

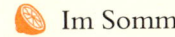 Im Sommer das gut gekühlte Melonenpüree auf Eiswürfeln servieren.

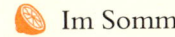 Erwachsene könn(t)en den roten Saft mit eisgekühltem Sekt oder Prosecco aufgießen – einfach herrlich erfrischend.

VERZEICHNIS DER REZEPTE

Suppen und Vorspeisen

Salate

Internationale Hauptgerichte

Dips und Saucen

Desserts und Backwerk

Marmeladen Gelees und Chutneys

Getränke